複数の困難への対応

編著

樫木暢子・金森克浩・船橋篤彦

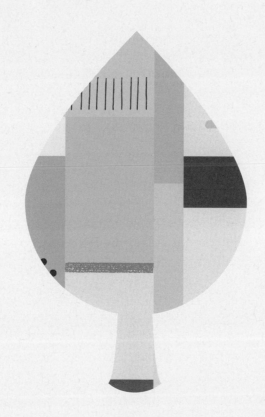

特別支援
教育免許
シリーズ

監修

花熊 曉・苅田知則
笠井新一郎・川住隆一
宇高二良

建帛社
KENPAKUSHA

特別支援教育免許シリーズ刊行にあたって

　今，「障害」をはじめとする社会での活動や参加に困難がある人たちの支援は，大きな変化の時期を迎えようとしています。困難がある人たちが，積極的に参加・貢献していくことができる全員参加型の社会としての共生社会の形成が，国の施策によって推進されています。

　同時に，政府は人工知能（AI）等の先端技術の活用により，障害の有無に関係なく，だれもが日々の煩雑で不得手な作業などから解放され，快適で活力に満ちた生活を送ることのできる人間中心の社会として「Society5.0」を提唱し，その実現を目ざしています。先端技術は，障害のある人の生涯学習・社会参画を加速させる可能性を有しており，Society5.0 の実現は共生社会の形成およびインクルーシブ教育システムの構築に寄与すると期待されます。その一方で，そのような社会が実現されたとしても，特別支援教育の理念やその専門性が不要になることは決してないでしょう。さまざまな困難のある子ども一人ひとりの教育的ニーズを把握し，そのもてる力を最大限度まで発達させようとする態度・姿勢にこそ，教育の原点があるからです。

　さて，文部科学省によると，特別支援学校教員における特別支援学校教諭免許状保有者率は79.8%（2018年5月現在）と年々上昇傾向が続いており，今後は特別支援学級や通級による指導を担当する教員等も含めて，さらなる免許保有率の上昇が目ざされています。併せて，2019年4月の教職員免許法等の改正に伴い，教職課程の必修科目に「特別の支援を必要とする幼児，児童及び生徒に対する理解」が加えられました。

　こうした流れの中，私たちは特別支援教育を学ぼうとする人が，当該領域にかかわる態度，知識，技能等をより体系的に学ぶことができる指導書が必要であると考えました。しかし，本『特別支援教育免許シリーズ』の企画立案時は，大きな変革に対応した包括的・体系的なテキストがありませんでした。

　この『特別支援教育免許シリーズ』は，教員養成課程に入学し，特別支援教育に携わる教員（特に特別支援学校教諭）を目ざして学習を始めた学生や，現職として勤務しながら当該領域について学び始めた教職員を対象にした入門書です。シリーズ全体として，特別支援学校教諭免許状（一種・二種）の取得に必要な領域や内容を網羅しており，第1欄「特別支援教育の基礎理論に関する科目」に対応する巻，　第2欄「特別支援教育領域に関する科目」として5つの特別支援教育領域（視覚障害，聴覚障害，知的障害，肢体不自由，病弱）に対応する巻，第3欄「免許状に定められることになる特別支援教育領域以外の領域に関する科目」に対応して重複障害や発達障害等を取り扱った巻で構成しています。

　なお，第1欄の巻は，基礎免許状の学校種に応じて，教職必修科目にも対応できる内容としています。また，第2欄と第3欄の巻では，各障害にかかわる① 心理，② 生理および病理，③ 教育課程，④ 指導法を一冊にまとめました。このように，免許状取得に必要な領域・内容を包括している点も，本シリーズの大きな特徴のひとつといえるでしょう。本シリーズが，障害のある子・人の未来を，本人や家族とともに切り開こうとする教職員の養成に役立つと幸いです。

このほか，第3欄においては，特別支援教育における現代的課題（合理的配慮としてのICTや支援機器の活用，ライフキャリア発達等）も取り上げており，保健医療福祉（障害児療育や障害者福祉）領域に携わっている人たち，そのほかさまざまな立場で支援する人たちにとっても参考となるでしょう。

　なお，「障害」の表記についてはさまざまな見解があります。特に「害」を個人の特性（ハンディキャップ）ととらえ，「障害」の表記には負のイメージがあるという意見があり，「障がい」に変更した自治体・団体もあります。一方で，「害」は社会がつくり出した障壁（バリア）であり，それを取り除くことが社会の責務であると考え，「障害」を用いている立場もあります。本シリーズは，後者の立場に立脚して構成されています。学習・生活に困難がある人に対して社会に存在するさまざまな障壁が「障害」であり，本書の読者は教育に携わる者（教職員）として「障害」を解消していく立場にあると考え，「障害」という表記を用いています。

　本シリーズの刊行にあたっては，数多くの先生に玉稿をお寄せいただきました。この場を借りて深謝申し上げます。しかし，刊行を待たずに鬼籍入りされた著者の方もおられます。刊行までに時間を要してしまいましたことは，すべて監修者の責任であり，深くお詫び申し上げます。さらに，本シリーズの企画を快くお引き受けいただきました建帛社をはじめ，多くの方々に刊行に至るまで，さまざまなご援助と励ましをいただきました。ここに改めて厚く御礼申し上げます。

2021年1月

監修者　苅田　知則
花熊　　曉
笠井新一郎
川住　隆一
宇高　二良

はじめに

　本書では，特別支援学校教諭免許状取得に必要な第3欄「免許状に定められることとなる特別支援教育領域以外の領域に関する科目」に対応する内容として，複数の障害すなわち重複障害を取り上げました。

　重複障害として，視覚障害と聴覚障害の重複である「盲ろう」，重度の肢体不自由と重度の知的障害の重複である「重度重複障害」に焦点を当てました。「盲ろう」の子どもたちの中には，肢体不自由と知的障害を併せ有することもあり，2つの障害は2分されるものではありません。視覚障害，聴覚障害，知的障害，肢体不自由，病弱，それぞれの障害像や支援方法，教育について理解し，実践できるようになったとしても，重複障害のある子どもたちの教育に取り組もうとしたとき，これまで学んだことが通用しない場合があります。障害は独立して存在するのではなく，複雑に絡み合っていることから，教員は1つでも多く引き出しをもち，自身のもつ力をアレンジすることが求められます。近年は医療的ケアが必要な子どもたちも増えています。家族だけで子どもを育てるのではなく，福祉サービスの活用も多様化し，教育には医療・保健・福祉等との密接な連携が求められるようになっています。本書でも教育だけでなく，医療・保健・福祉等関係の内容を多く取り入れ，さらに生涯学習についても取り上げました。

　第1章「重複障害のある人を理解する視点」では，重複障害の概念と実態，重複障害のある人や医療的ケアを必要とする人とかかわるときの留意点について概説しています。

　第2章から第4章では，重複障害児の重度化・重複化・多様化に対応できるよう，障害特性の理解，アセスメントと指導・支援方法で構成しています。第2章「重複障害の心理・生理・病理」では，重複障害に関する医学的基礎知識として，運動機能の障害だけでなく，付随する多様な障害について概説しています。心理学的基礎知識では，初めに定型発達について説明し，次いで重複障害児の発達について説明することで，重複障害への理解を深められるようにしています。第3章「重複障害の教育課程・指導法」では，「準ずる教育課程」だけでなく，重複障害に対応する教育課程として，「知的代替の教育課程」「自立活動を主とする教育課程」とその指導法について，実践と関連づけて理解できるようにしています。第4章「重複障害児者の生涯発達支援」では，就学前から卒業後の生活を見通して，発達支援，社会生活支援，家族・家庭支援について概説しています。

　ここ数年，各地で重複障害のある人の生涯学習の取り組みが報告されるようになってきています。日常的に医療を必要とする人も含めて，重複障害児者の生涯発達支援を視野に入れつつ，学齢期の教育を考えていくことが求められています。本書が，重複障害のある子どもたちの理解を深め，子どもたちの願いを叶える教育を目指すきっかけになることを願っています。

2023年2月

編著者　樫木暢子
　　　　金森克浩
　　　　船橋篤彦

目 次

第1章
重複障害のある人を理解する視点

 1 重複障害

1 重複障害の概念

　はじめに，重複障害と，本巻で主に取り扱う重度重複障害の概念について概説する。

（1）重複障害とは

　「重複障害」とは，それを特異的に定義した規定は存在せず，字義どおり「障害を重複した」状態である。学校教育上の用語としては，学校教育法施行令第22条の3において「障害の程度」が規定されている表1-1の障害を複数あわ

表 1-1　障害の程度（学校教育法施行令第22条の3）

区　分	障害の程度
視覚障害者	両眼の視力がおおむね0.3未満のもの又は視力以外の視機能障害が高度のもののうち，拡大鏡等の使用によっても通常の文字，図形等の視覚による認識が不可能又は著しく困難な程度のもの
聴覚障害者	両耳の聴力レベルがおおむね60デシベル以上のもののうち，補聴器等の使用によっても通常の話声を解することが不可能又は著しく困難な程度のもの
知的障害者	一　知的発達の遅滞があり，他人との意思疎通が困難で日常生活を営むのに頻繁に援助を必要とする程度のもの 二　知的発達の遅滞の程度が前号に掲げる程度に達しないもののうち，社会生活への適応が著しく困難なもの
肢体不自由者	一　肢体不自由の状態が補装具の使用によっても歩行，筆記等日常生活における基本的な動作が不可能又は困難な程度のもの 二　肢体不自由の状態が前号に掲げる程度に達しないもののうち，常時の医学的観察指導を必要とする程度のもの
病弱者	一　慢性の呼吸器疾患，腎臓疾患及び神経疾患，悪性新生物その他の疾患の状態が継続して医療又は生活規制を必要とする程度のもの 二　身体虚弱の状態が継続して生活規制を必要とする程度のもの

備　考
一　視力の測定は，万国式試視力表によるものとし，屈折異常があるものについては，矯正視力によって測定する。
二　聴力の測定は，日本産業規格によるオージオメータによる。

せ有する状態と解釈できる。実際にこの解釈は「公立義務教育諸学校の学級編制及び教職員定数の標準に関する法律」における学級編制において，重複の障害を有する児童または生徒の標準人数を設定する際に採用されている。

　一方，2007年からの特別支援教育の本格実施以降，対象児の「重度・重複化」[1]が進んでいるという指摘がある。もちろん，教育制度の改革により，個人の生物学的な重症度や合併症が変化するわけではないため，一人ひとりの多様なニーズを理解し，学校教育に生かすという，特別支援教育の本質的な理念の影響と考えるのが自然だろう。つまり特別支援教育は，それ自体が「重い障害」や「複数の障害」への対応を必要とする教育概念といえる。

（2）重度重複障害とは

　「重度」重複障害に該当する対象に関しては，1975年に報告された「重度・重複障害児に対する学校教育の在り方について（報告）」[2]において，表1-2の1～3のように設定された。

　表1-2の1に示す特徴で設定されている対象は，従来的に解釈されている（重度）重複障害に該当しており，具体的には「重度の運動障害と重度の知的障害をあわせ有する者」（重症心身障害児者），や「重度の視覚障害と重度の聴覚障害をあわせ有する者」（盲ろう児者）などをさしている。なかでも，近年関心が高まっている「たんの吸引や経管栄養などの**医療的ケア**を必要とする重度重複障害」の子どもたちは，前者の「重症心身障害児者」を実質的にさしているといえる。いうなれば，表1-2の1に該当する「重症心身障害児者」と「盲ろう児者」が「狭義の重度重複障害児」とみなしうるので，本巻でも中心的に取り上げる項目とした。

医療的ケア
本来，専門的な判断や技術を必要とする医行為・医療行為ながら，医療機関外でも日常的に行われている措置は「医療的ケア」と呼ばれている。
医療的ケアについては，p.10～13，第2章第2節 p.46～50，第3章第2節 p.85・86，第4章第3節 p.128～139も参照のこと。

（3）最重度知的障害と強度行動障害

　表1-2の2，3は，従来的な「重度・重複障害」の概念に加えて発達的側面と行動的側面の特徴も重度・重複障害に含めると提言された対象である。実際には「発達的側面」と「行動的側面」は最重度の知的障害児者にセットでみられることが多い特徴であり，あわせて「最重度の知的障害と自閉症に伴い，強い行動障害がみられる状態」ということができる。いわゆる「動く重症児」と

表 1-2　「重度・重複障害児」に該当する対象

1		学校教育法施行令第22条の3および「公立義務教育諸学校の学級編制及び教職員定数の標準に関する法律」等で定められている重複障害児
2	発達的側面	「精神発達の遅れが著しく，ほとんど言語をもたず，自他の意思の交換及び環境への適応が著しく困難であって，日常生活において常時介護を必要とする程度」の者
3	行動的側面	「破壊的行動，多動傾向，異常な習慣，自傷行為，自閉症，その他の問題行動が著しく，常時介護を必要とする程度」

いう表現でかつて呼ばれたこのような状態像に対し，1989年に「強度行動障害」という名称が使用され始めた[3]。重度の運動障害やそれに伴う医療的ケアの必要性などとは異なった意味で著しい困難が生じうる状態像である。

（4）「広義の」重複障害と特別支援教育

ここまでは主に「重度」重複障害について扱ってきた。しかし「重複障害」は身体や行動の障害の軽重とはまた異なった多様性についても含んだ概念である。多様な学びの場の確保を重点的に整備した特殊教育を経て，特別支援教育では「障害種別」という考え方から「一人ひとりの特性をとらえる」見方と「インクルーシブ教育」をも重要視する概念へ発展している。そこには表1-1に示した特徴の障害種をあわせ有していなくとも，「誰しも様々な得意・苦手をあわせ有する」という考え方が重要であり，これは重複障害の広義の解釈ともいえる。図1-1に筆者が提案する具体的な「狭義から広義に至る重複障害の概念」を示す。

図1-1の考え方は，狭義の解釈ほど重複もしくは重度重複障害の典型的なイメージである。特別支援教育の理念は，「ふさわしい学びの場を必要とする障害のある子どもたち」という従来的な概念をさらに般化したものであり，最も顕在化した障害種だけにとらわれない視点で一人ひとりの子どもを見ることを重要視している。その視点が「重度・重複化」につながっているのであり，特別支援教育では「重複障害」の可能性を前提にした見立てが必要である。この考え方は医学・医療の領域における「症候群」や「併存症・合併症」に通じるものであり，支援者は，ある診断名や障害名から連想しやすい，固定化された状態像を「個人に当てはめる」危険性に十分留意すべきである。一例として，「ダウン症候群」の見立て方の違いを図1-2に示す。

インクルーシブ教育
人間の多様性を尊重し，共生社会を実現するため，障害のある人とない人が共に学ぶという教育の在り方をインクルーシブ教育と呼ぶ。

症候群
共通した複数の症状が組み合わさってひとつの疾患概念を形成する場合，その疾患は「○○症候群」と呼ばれる。

併存症・合併症
併存症と合併症の厳密な区別は難しいが，異なる病態として別の症候がある場合を併存症，ある病態が大きく関係して別の症候が表れている（とみられる）場合を合併症と呼ぶことが多い。

ダウン症候群
21番染色体が過剰に存在することにより起こる症候群。ほとんどが，本来2本である染色体が3本になる「トリソミー」という病態である。特徴的な顔貌や知的発達の遅れなどがみられる。

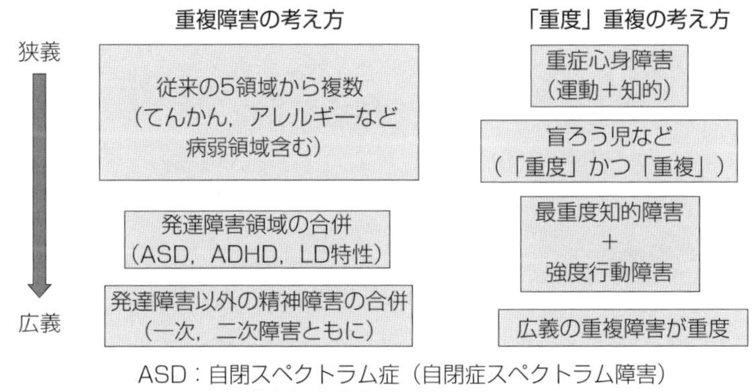

図 1-1　狭義から広義に至る重複障害の概念

（図中）
重複障害の考え方 | 「重度」重複の考え方
狭義 → 広義

従来の5領域から複数（てんかん，アレルギーなど病弱領域含む）
発達障害領域の合併（ASD，ADHD，LD特性）
発達障害以外の精神障害の合併（一次，二次障害ともに）

重症心身障害（運動＋知的）
盲ろう児など（「重度」かつ「重複」）
最重度知的障害＋強度行動障害
広義の重複障害が重度

ASD：自閉スペクトラム症（自閉症スペクトラム障害）
ADHD：注意欠如多動症
LD：学習障害

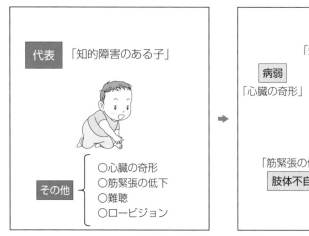

図 1-2　ダウン症候群の子どものとらえ方の違い

　　学びの場に直結する障害名やある診断名の定義に近い典型的な状態像は確か
にその子どもの最も顕在化している困難さに直結している。しかし，「よくあ
る合併症」から「偶然併存している特性」に至るまで個人の実態はさまざまで
あり，一人の子どもにおける「困難さの重なり」は単なる「特性の並列・足し
算」にとどまらない「掛け合わさり，より重く，複雑化した影響」を日常生活
や学校教育に及ぼしかねないことも「重複障害」の子どもの特徴である。

2　盲ろう者とかかわるときの留意点

（1）盲ろう者とは

1）盲ろう者の定義

盲ろう者
身体障害者手帳に視覚
障害と聴覚障害の両方
の記載がある人。

　　目と耳の両方が不自由な状態のことを「盲ろう（deafblind）」と呼び，その
人を**盲ろう者**という。日本には視覚障害者，聴覚障害者がそれぞれ約 30 万人
存在するが，それらが重なった部分に相当する（図1-3）。全国の盲ろう者数
は 1 万 4,000 人，人口比率 0.0011％とされる（平成 24 年度盲ろう者に関する実態
調査報告書）。

2）盲ろう者の困難

　　目と耳の両方が不自由である盲ろう者は，さまざまな困難を抱えている。と
りわけ強い困難として，以下の三つをあげることができる。

　　①　**コミュニケーションの困難**　　目が見えないだけならば音声言語で話が
できる。耳が聞こえないだけならば手話やジェスチャー，顔の表情，口形を読
むなどして意思疎通が可能だろう。しかし盲ろう者はそのどちらも不可能で，
他人とコミュニケーションを取ることが困難である。

②　移動の困難

例えば，自宅の前の道路を挟んで向こう側にある自動販売機まで行きたいとする。目が見えないだけならば，自動車のエンジン音を聞き分け，安全を確認して

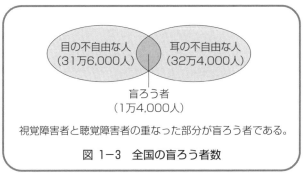

目の不自由な人
（31万6,000人）　　耳の不自由な人
（32万4,000人）

盲ろう者
（1万4,000人）

視覚障害者と聴覚障害者の重なった部分が盲ろう者である。

図 1-3　全国の盲ろう者数

道路を横断できる。耳が聞こえないだけならば，目で見て安全を確認して道路を横断できる。しかし盲ろう者は，そのどちらもできないのである。このように，盲ろう者は，自宅の前にある自動販売機にさえ，一人で安全に移動することが困難なのだ。

③　状況把握の困難　　目が見えないだけならば，音を聞いてある程度状況を把握することは可能である。耳が聞こえないだけならば，目で見てある程度状況を把握できる。盲ろう者はそのどちらも不可能であり，状況が把握できないことから，場に応じて行動することが困難となる。このことが盲ろう者の社会への適応をより難しくしている。

④　困難の程度は「足し算」ではなく「掛け算」　　このような，盲ろう者の厳しい困難の程度は，「視覚障害による困難＋聴覚障害による困難」というよりもむしろ，「視覚障害による困難×聴覚障害による困難」ととらえるべきだろう。

3）盲ろう者の就労

20 〜 60 歳の盲ろう者における就労状況を図1-4 に示した。平成 24 年度盲

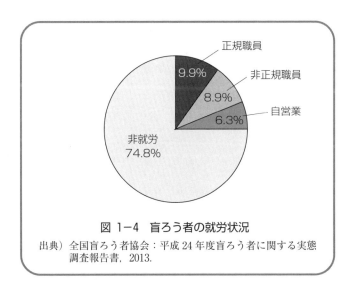

正規職員
9.9%

非正規職員
8.9%

自営業
6.3%

非就労
74.8%

図 1-4　盲ろう者の就労状況

出典）全国盲ろう者協会：平成 24 年度盲ろう者に関する実態調査報告書，2013.

ろう者に関する実態調査報告書によると，約 3/4 の盲ろう者は未就労である。盲ろう者が就労するためには，通勤，職場でのコミュニケーションなど，さまざまな支援が必要だろう。

4）盲ろう者支援組織

①　**盲ろう者友の会**　1991 年に東京盲ろう者友の会が設立されたのを皮切りに全国各地で友の会が誕生した。現在ではほとんどの都道府県に友の会があり，盲ろう者の自立と社会参加を支援する活動を行っている。盲ろう者友の会の特徴のひとつとして，盲ろう者と支援者が同じ会に所属していっしょに活動している点があげられる。

②　**盲ろう者関連全国組織**　盲ろう者関連の全国組織として以下のようなものがある。

・全国盲ろう者団体連絡協議会：盲ろう当事者の全国組織
・ふうわ：盲ろう児と親の会
・CHARGE の会：チャージ（CHARGE）症候群の子どもと親の会
・全国盲ろう教育研究会：盲ろう児教育をテーマとした研究会
・全国盲ろう者協会：盲ろう者福祉の推進を図るための社会福祉法人

（2）盲ろう教育における期待

1）視覚障害教育や聴覚障害教育との差別化

第 3 章で述べるように，学齢盲ろう児は多くない（p.53 参照）。盲ろう教育を主体とした学校は存在しないので，盲ろう児の多くは，視覚または聴覚特別支援学校，その他の学校に在籍し，他の障害をもつ児童生徒といっしょに教育を受けていることがほとんどだろう。

そこで，ややもすると，単一障害の視覚障害児，聴覚障害児として支援されてしまうということが起こりがちである。盲ろう児は視覚障害児や聴覚障害児とは異なる独自の困難を抱えている。そうした盲ろう児に対しては「視覚障害児ではなく，聴覚障害児でもない。盲ろう児である」と認識することが盲ろう教育のスタート地点となる。

2）教員は疑似体験から学ぶべき

ある教育課題を達成しようとするとき，障害の種別や程度によって，とるべき方法や工夫は異なる。では，目の前の盲ろう児についてはどのようにすればよいのか。目が見えて耳の聞こえる教員にとって，この答えを得ることは容易ではないはずだ。

そこで実施してほしいのは「盲ろう疑似体験」である（p.23 参照）。アイマスクや弱視レンズ，耳栓，ホワイトノイズを発するヘッドフォンなどを着用し，該当盲ろう児と同様の状態に自らを置き，その教育課題に取り組んでみる。その課題の何が難しいのか，どのような工夫をしたらうまくできるのかを授業に

先立って教員自らが検討しておくのだ。そうしてその盲ろう児にとって最も適した方法・工夫を指導すればよい。

教員が「先生」と呼ばれることに，「生徒よりも先にそこに行き，すでにさまざまな事項を検討している人」という意味が込められているのだと思う。

3）ICT の活用

ICT（情報通信技術）の活用は，盲ろう児の抱えるコミュニケーション・移動・状況把握の困難を，いくらかでも人に頼らず自力で解決する数少ない方法のひとつである。

ICT を用いて「『障害』を補う」「教科学習に役立てる」「社会参加する」といった目標を掲げて，盲ろう児の実態に適した活用法の確立化を図ってほしい。その際，視覚障害教育，聴覚障害教育における ICT 活用法は参考になるが，それらをそのまま用いるのではなく，組み合わせたり，補ったりしながら盲ろう児に適した ICT 活用方法を模索してほしい。

4）盲ろう児の一生涯を見据えた支援計画

盲ろう児に限らず，誰にとっても，学校で教育を受けている期間は，「ロケットの発射準備期間」のようなものである。発射準備が完了し，ロケットはひとたび発射されれば，学校在籍期間よりもはるかに長い半世紀以上の時間をロケット自身でやりくりしていかなければならないのである。

もちろん，今，目の前にある課題に取り組むことは重要なことであるが，学校を卒業した後，その児童生徒がどのように生きていくかを在学中から大切な課題のひとつとして検討されるべきである。特に障害のある児童生徒にとっては，手厚い支援が受けられる学校環境から厳しい社会環境に放りだされるのだから，こうした準備はより重要となる。

とりわけ，盲ろう児に関しては，活用できる社会資源が限られているという点で，他の障害種別の児童生徒よりも厳しい現状にあるといえる。地域の盲ろう支援団体や，全国の盲ろう支援組織と在学中から連携を取って卒業後の社会参加ができるだけスムーズに行えるようにすることを支援計画に盛り込んでほしい。

適切な盲ろう教育を経て，盲ろう児がより充実した素晴らしい一生涯を送ることができるよう期待するものである。

3　重度重複障害児者とかかわるときの留意点

ここで取り上げる重度重複障害児者とは，「肢体不自由と知的障害を併せ有する」および「いずれの障害も重度と判断される」といった実態を示す者とする。そのうえで，重度重複障害児者とかかわる際に必要な三つの留意点について概説していくこととする。

（1）「動くところをすべて観る」こと

　重度重複障害児者にみられる全般的な発達の遅れについて，その背景として，まずは，彼らが有する疾患について把握する必要がある。例えば，染色体異常などの先天異常では，発達の遅れが顕著であるものの，一定の速度で発達が進んでいくことが多いとされている。他方，脳性まひや脳炎といった周産期や生後に罹患した疾病によるものでは，物理的損傷の程度（脳に生じた損傷の範囲など）によって，成長・発育に制限がかかることもあり，その結果として機能障害が固定化することもある。特に後者の場合，随意的な動きなのか不随意（原始反射の残存を含む）な動きであるかの判断が難しいといったことも少なくない。そこで，かかわり手が重度・重複障害児者を観察する際の視点を広く設定することが重要となってくる。

　通常，私たちが他者の動きを観察する際，姿勢や手足の動きのような比較的，「大きな」身体動作に加えて，眼球運動や表情といった頭部・顔面に生じる動きの変化に注目する傾向がある。このような身体の動きは，非言語的情報としてコミュニケーションを支える基盤となっており，他者を理解し，関係性を深めるうえできわめて重要なものである。一方，重度重複障害児者の場合，このような動きの制限が大きいことや見かけ上，変化がとらえにくい。そのため，かかわり手の中に「情報が伝わっているか」ということへの不安が生じ，結果として一方的な情報発信に終始してしまうことや，相手の動きをすべて介助してしまうといったことにつながりやすい。

　そこで，筆者は「相手の動きをすべて観る」ことから，かかわりを始めることを勧めている。その際の観察視点の一部を表1−3に整理した。身体が発している情報をできるだけ多く集めることに主眼を置いている。また，実際に私達が「目で，観る」情報もあれば，脈拍，体温，身体の硬さや重さといった「触れて，観る」情報が含まれている点にも留意してほしい。集積した情報は，身体のイラストなどに書き込みを行うと，複数のかかわり手間の情報共有・連携ツールとしても活用しやすい。

表 1−3　重度重複障害児者を「観る」視点の例

頭部や頸部の情報	眼球，眉毛，まぶた，頬，口角，舌，下顎，頸部の位置　など
上肢や下肢の情報	肩，肘，手首，手，手の指先，股関節，大腿，膝，足指　など
呼吸に関連した情報	呼気や吸気のリズムや音，鼻腔や胸の隆起，気管や気道　など
全身に関する情報	筋緊張，弛緩，体温，脈拍，発汗，身体の硬さや重感　など

（2）「動きの意味や意図を推測する」こと

　動きに関する情報を集積した後は，情報の吟味や検証が必要となる。前述したとおり，重度重複障害児者の動きには，不随意な動きが含まれていることがある。例えば，快感情が生起していない状態であっても口角が引き上がってし

まう不随意な動きがある子どもに対して，「楽しいね」といった意味づけをかかわり手が繰り返す場面を想像してほしい。両者のやり取りには，食い違いが生じていることが理解できる。もちろん，対人コミュニケーションにおいて齟齬は付きものといった主張もあるだろう。しかし，ことばや動きに多くの制約や困難さをもつ人たちが発する思いやメッセージを可能な限り正確に取り上げようとすることは，彼らの QOL 向上に直結するきわめて重大な事項である。

　それでは，どのようにして動きの意味や意図を推測すればよいだろうか。まずは，動きが生じた場面や文脈に照らし推測することである。例えば，ある子どもの視野内に玩具を提示したとき，眼球が動いたとすれば，外界の変化に気づいていると解釈できる“可能性”が生まれてくる。しかし，その子には眼振があり，頻繁に生じているとすれば，その可能性を疑う必要が出てくる。別の例として，複数の人の声や扇風機などが発する音が入り交じった空間で，子どもに玩具を提示する。このとき，子どもが玩具から目を逸らすという動きを示した場合，玩具に興味がないから目を逸らしたと解釈してよいだろうか。子どもは玩具というシグナルに注目しようと試みても，生活音というノイズに妨害されて目を逸らしてしまった可能性（S/N 比の影響）も考えられる。このようにさまざまな可能性を考えることは，相手の動きの意味や意図を独善的に判断するのではなく，「もし X のときに Y が生じたとすれば，次回の X の際も Y が生じるだろう」といった仮説検証的なかかわりを生み出すことにつながる。重症心身障害児施設「びわこ学園」の初代園長であった岡崎英彦は，「熱願冷諦」ということばを残した。重度重複障害児者にかかわる者にとって，熱い思いと冷静な思考が常に求められるといえよう。

（3）「本人が気づいていない動きや意図を伝える」こと

　これまで述べてきた二つの留意点を踏まえて，重度重複障害児者の動きに対して「どのように応じるのか」について述べる。相手を十分に観察し，検証的な思考に基づくかかわりを展開していく中で，かかわり手が，確信をもって相手に応答できる場面は増えてくるはずである。例えば，不快な内的状態で身体に力が入っている様子を目にしたとき，力が入っている部位に手を添えて，「しんどいね。力が入ってしまうね」とことばをかけて，相手の様子を見守るといった行動／応答行動をすることがある。また，軽快な音楽が流れている際に身体がよく動く様子を目にしたとき，「楽しくて，からだが動いちゃうよね」とことばをかけ，相手の動きをまねするといった行動／応答行動をすることもあるだろう。このように，相手の動きに対して，ことばをかける・身体に触れる・本人の気づきを促すといった応答を行うことの効用は，インリアルアプローチなどを筆頭によく知られている。図1−5に，障害のある子どもと母親のやり取り場面を示した。子ども側の行動レパートリーは限定されているにもかかわ

QOL
quality of life の略。「生活の質」と訳されることが多いが，Life には「人生」や「生命」という意味もあるため，重度重複障害児者のQOLを考えるうえで，特に多面的にとらえることが必要だろう。

眼振
眼球がけいれんしたように動いたり揺れたりすることの医学的な名称。無意識で規則的にリズミカルに動くことや，振り子のように往復運動が生じることもある（日本弱視斜視学会）。

S/N 比
シグナルとノイズの相対的な比率を表す用語。S/N 比が大きくなると，そのシグナルは伝わりやすくなる。ノイズを小さくすることで，S/N 比を大きくするアプローチは，さまざまな障害がある子どもたちの指導において活用されている。

インリアルアプローチ
インリアル（INREAL）は，inter reactive learning and communication の略。子どものコミュニケーション発達を促進・支援するためのアプローチ。

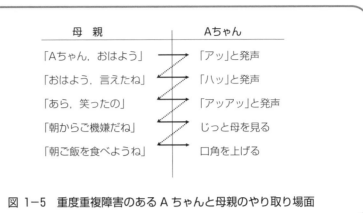

図 1-5　重度重複障害のある A ちゃんと母親のやり取り場面

らず，母親は，それを適切に解釈し，やり取りを展開している様子が理解でき
る。このやり取りの様子は，**エントレインメント**と称される二者間で生じる同
調現象と類似している。相手に気づきを促すかかわりは，コミュニケーション
それ自体を円滑にする機能があるという点を理解しておくとよいだろう。

4　医療的ケアが必要な人とかかわるときの留意点

（1）医療的ケアとは

　近年，医療の進歩により，医療行為を在宅で受けながら療養生活を送る児者
が増加している。医師法，保健師助産師看護師法などにより，医療行為は医師
もしくは医師の指示を得た看護師等が行うこととなっているが，自宅に医師や
看護師等が常駐することはできないので，家族等が自宅で日常的に介護として
行っており，病院で行われる治療目的の「医行為（医療行為）」とは異なると
いう意味で，**医療的ケア**と呼ばれている。主な医療的ケアは口腔内・鼻腔内の

痰の吸引（喀痰吸引）や**経管栄養**，導尿，人工呼吸器の管理，酸素吸入，など
である。医療的ケア児は 2020 年代には 2 万人を超え，今後も増加することが
予想されている。詳しくは第 2 章以降に譲るが，1980 年代から障害や病気が
重く，日常的に医療的ケアを必要とする子どもたちの教育が課題となってお
り，特別支援学校等における医療的ケアについて議論され，法改正なども行わ
れている。2021 年 9 月には「医療的ケア児及びその家族に対する支援に関す
る法律」（以下，医療的ケア児支援法）が施行された。

（2）重複障害と医療的ケア

　重複障害児のうち，医療的ケアを要するものが一定数いるが，表 1-4 に重
度重複障害児と医療的ケア児の相違を示したように，医療的ケア児とは認知や
運動機能にかかわらず，医療的ケアを要するものである。盲ろうなどの重複障

表 1-4　重度重複障害児と医療的ケア児の相違

	医療依存度	肢体不自由の程度	知的障害の程度
重度重複障害児	医療依存度が高い者と低いものが混在（医療依存度は条件ではない）	重度の肢体不自由であることが条件	重度の知的障害であることが条件
医療的ケア児（高度医療依存）	例外なく医療依存度がきわめて高い	肢体不自由であるとは限らない（内部機能障害なども含む）	重度の知的障害であるとは限らない（知的障害は軽度またはないものも含む）

害児の中にも医療的ケア児がいる。複数の困難への対応を考えるときには，障害状況と合わせて，医療的ケアによりどのような教育的ニーズが生じているかを把握する必要がある。

（3）学校における医療的ケア

　特別支援学校において教員等が痰の吸引などを行う意義として，文部科学省は「児童生徒の生命の安全，健康の保持・増進，教育活動の継続性の確保，教育活動の充実」をあげている。「教育活動の充実」として，「快適な状態で教育活動に参加することができ，教育効果が高まる」「教員等の児童生徒理解，児童生徒の教員等に対する信頼が深まる」「きめ細やかな自立活動の指導が可能になる」としている。2018 年 6 月に出された「学校における医療的ケアの実施に関する検討会議の中間まとめについて（通知）」では，「学校は，児童生徒等が集い，人と人との触れ合いにより人格の形成がなされる場であり，学校における教育活動を行う上では，障害の有無にかかわらず，児童生徒等の安全の確保が保障されることが前提である。こうした観点から，学校における医療的ケアの実施は，医療的ケア児に対する教育面・安全面で，大きな意義を持つ」[4]とされている。この通知では，学校は小・中学校を含む「すべての学校」をさし，医療的ケアは人工呼吸器の管理などを含む「すべての医療的ケア」とされている。そのうえで，教育機会の確保・充実として，「授業の継続性の確保」「訪問教育から通学への移行」「登校日数の増加」をあげている。

（4）医療的ケアが必要な人とかかわるときの留意点

1）表出困難への留意点

　上気道の閉塞や，胸郭や呼吸筋の動きにくさ，呼吸中枢のまひなどにより，十分に呼吸することができず，気道を確保するために喉に孔を開けることを気管切開という。呼吸の弱さがある場合は，人工呼吸器を用いることがある。気管切開や人工呼吸器装用により，発声が困難になることが多く，表出困難が生じる。また，外界を意識できるが完全四肢まひなどにより意思表出能力が損な

われた「閉じこめ症候群」の人は約 1 万人存在するといわれている。思考や感情の表出が難しいことから，問いかけを理解していない，できないと判断されることもある。特に乳幼児期から人工呼吸器を使用している場合，表出の困難さから発達アセスメントなどや観察による実態把握は難しく，言語発達や認知発達を低くみられる傾向がある。人権尊重の観点からも，みかけの重症度に惑わされず，年齢相応のことばがけをすること，理解できていないのではなく応答が難しいと考えてかかわるようにする。本人も意思表出手段がないことに困っていると考え，随意的に動かすことができる身体部位を見きわめること，動きへの意味づけを行うことが必要である。川住は「子どもの微小運動にその意味（たとえばどのような意思の現れなのか）がよくわからないことが多い。しかしそれでもその意義を大胆に解釈しとりあえずの対応を行うことが求められる。最も避けるべきことは，意味のない動きとして無視ないしは切り捨てすることである」[5]と述べている。かかわる者が根気よく表出手段の確立を追究し続けることで，医療的ケアが必要な人の可能性が広がる。

2）家族の困難への留意点

医療的ケアが必要な人のケアは家族，特に母親が担っていることが多い。日常的なケアが必要であることから，目を離すことができず，特に痰の吸引は夜間も注意が必要であり，慢性的な睡眠不足につながる。また，介護者の離職によるキャリアの中断や経済的な困難が生じることがある。兄弟姉妹がいる場合は，両親が医療的ケア児のケアや入退院などにより，兄弟姉妹が孤独や不安を感じたり，不全感を抱いたりするする可能性があることも留意する必要がある。

こうした家族の心理的，身体的，経済的負担があることを理解したうえで，医療・福祉と連携して，医療的ケア児の成長・発達のための環境を整えていく必要がある。

3）災害時の対応

災害時の対応として，通常の避難場所や必要物品に加え，医療的ケアに関連する物品，電源の確保，物品洗浄のための清潔な水などが必要になる。また，医療的ケアを行える清潔な空間，物品などを置く場所，生活経験が少ない医療的ケアが必要な人の場合は安心して過ごせる場所など，施設設備面にも配慮する。

こうした状況から，災害時には大病院等への入院を行うことがある。災害時における医療的ケアが必要な人の移動はかなり困難が予想されるため，消防署や保健所，地域福祉や医療とも連携して，防災計画・避難計画を作成する必要がある。肢体不自由や病弱を対象とする特別支援学校は，医療的ケアが必要な人の避難先となりうる地域のリソースである。災害はいつ起こるかわからないので，学校も含め地域のリソースをつなげ，安心・安全な地域生活をつくって

いくことが望まれる。

演習課題

1. 同じ重度重複障害児に該当する場合でも，「重症心身障害」「強度行動障害」ではどのような困難さの違いが起こりやすいか，説明してみよう。
2. 一人の子どもに複数の困難さが重複する状態について，ダウン症候群の子どもを例に説明してみよう。
3. 盲ろう者には，どのようなタイプがあるかあげてみよう。
4. 重度重複障害者を「観る」視点について，思いつくものをすべて書き出してみよう。
5. 重度重複障害児者とかかわる際の3つの留意点について，それぞれの要点をまとめてみよう。
6. 医療的ケアの内容に即して，医療的ケアが必要な人に対する合理的配慮および基礎的環境整備について，まとめてみよう。
7. 居住する自治体の特別支援学校や小学校等における医療的ケアの実施体制について，調べてみよう。

引用文献

1) 文部科学省中央教育審議会：特別支援教育を推進するための制度の在り方について（答申），2005.
2) 文部省特殊教育の改善に関する調査研究会：重度・重複障害児に対する学校教育の在り方について（報告），1975.
3) 行動障害児（者）研究会：強度行動障害児（者）の行動改善および処遇のあり方に関する研究，財団法人キリン記念財団，1989.
4) 文部科学省：学校における医療的ケアの実施に関する検討会議の中間まとめについて（通知），2018.
5) 川住隆一：第3分科会「コミュニケーション1」共同研究者まとめ　訪問教育研究第32集，35，全国訪問教育研究会，2019.

参考文献

・日本弱視斜視学会 HP.
https://www.jasa-web.jp/general/medical-list/nystagmus （最終閲覧：2022年9月30日）
・社会福祉法人 びわ湖学園 HP.
https://www.biwakogakuen.or.jp/publics/index/295/ （最終閲覧：2022年9月30日）
・飯野順子・岡田加奈子・玉川進：特別支援教育ハンドブック，東山書房，2014.

第2章
重複障害の心理・生理・病理

1 盲ろう

1 盲ろうの生理・病理学的特徴

（1）盲ろうとは

　盲ろうは視覚聴覚二重障害とも呼ばれ，視覚と聴覚の重複障害である。各障害の発症時期と重症度，そして原因は多様であり，視覚障害と聴覚障害以外の障害を伴う場合も多い。一般社会では盲ろうを全く見えず，全く聞こえない障害と定義する場合もあるが，本巻では視覚あるいは聴覚のどちらかが軽度・中等度の場合や，両方の感覚が軽度・中等度の場合も含めて幅広い重症度の定義を用いる。また，本節では発症時期にかかわらず0～19歳の盲ろうの人たちを盲ろう児と記し，20歳以上の盲ろうの人たちを盲ろう者と記すとともに，盲ろうの人たち全体に対しても盲ろう者と記す。

（2）発症時期と重症度の分類

発症時期
患者に症状が出現した時期であり，医療施設で医師に診断された時期と異なる場合も多い。

　発症時期の分類は，先天性（出生時から），新生児期（生後4週まで），乳児期（1歳まで），幼児期（就学前），学童期（小学生），思春期（成人期まで），成人期（18歳あるいは20歳以後）に分ける場合が多い。視覚と聴覚の障害は同時に発症する場合もあるが，時期が異なって発症する場合もある。本巻では両方の感覚が障害された時期を盲ろうの発症時期とし，個別の感覚の障害時期については視覚障害の発症時期あるいは聴覚障害の発症時期と記す。

　聴覚障害の重症度の分類は，一般的には良聴耳の重症度を用いる。500ヘルツ（Hz），1,000Hz，2,000Hz，4,000Hzの音が聞こえる閾値を計測し，その平均値から軽度（25デシベル（dB）以上40dB未満），中等度（40dB以上70dB未満），高度（70dB以上90dB未満），重度（90dB以上）に分類される場合が多い。

　視覚障害の重症度の分類は，一般的には両眼を個別に評価して総合判定す

る。また，小児と成人で基準が異なる。成人では軽度（罹患眼が片眼），中等度（罹患眼が両眼で良好な眼の矯正視力 0.3 以上），高度（罹患眼が両眼で良好な眼の矯正視力 0.1 以上 0.3 未満），重度（罹患眼が両眼で良好な眼の矯正視力 0.1 未満）に分類される場合が多い。小児は視機能の発育が続くため，発育段階で評価が異なる。例として 6 〜 8 歳では，軽度（罹患眼が片眼で，罹患眼の矯正視力が 0.3 未満），中等度（罹患眼が両眼で良好なほうの眼の矯正視力が 0.3 以上），高度（罹患眼が両眼で良好なほうの眼の矯正視力が 0.1 以上 0.3 未満），重度（罹患眼が両眼で良好なほうの眼の矯正視力が 0.1 未満）に分類される。また，視覚では視力のほかに**視野**も重症度に反映され，視野狭窄（中心の残存視野が 20 度以内）を伴う場合は 1 段階上の重症度になる。

矯正視力
近視，遠視，乱視になどの屈折異常に対して，眼鏡，コンタクトレンズなどを装用して矯正した状態での視力。

（3）盲ろうの疫学

盲ろうの疫学研究は乏しく，デンマークの調査で先天性の盲ろうの頻度は出生 2 万 9,000 人に 1 人という報告がある[1]。盲ろう者数は加齢とともに増加し，80 歳では 30％であった[2]。全国盲ろう者協会による国内の統計では，視覚と聴覚の両方の**身体障害者手帳**をもつ盲ろう者は約 1 万 4,000 人であった（平成 24 年度盲ろう者に関する実態調査報告書）。しかし，本統計には障害があっても身体障害者手帳を取得していない障害者や，軽度・中等度の障害者は含まれていないため，実際に国内に存在する軽度，中等度も含む盲ろう者は，1 万 4,000 人よりはるかに多いと予想される。

視　野
1 点を見つめたとき（固視したとき）に，その周囲に見える範囲と感度（感度分布）。

身体障害者手帳
身体障害のある人に対して自治体が交付する手帳で，症状の種類や重症度によってさまざまな福祉サービスを利用できる。

先天性および生後早期に発症する盲ろう児では，視覚と聴覚の障害以外の障害，症状がある場合が多い。米国の教育施設の調査では 87％の盲ろう者で，視覚と聴覚以外の障害を認めた[3]。その障害の内訳としては，認知機能が 64％，身体機能が 58％，複雑な医療の必要性が 51％，行動特性が 9％，その他が 19％であった。先天性盲ろう児の 74％で精神・行動の障害を認めたという報告もある[4]。

原因疾患は多様で，米国の教育施設の調査では 70 以上の疾患，原因が報告

コラム　乳幼児の視覚と聴覚を評価する検査の違い

乳幼児では成人で行う視力検査や聴力検査をできない。このため乳幼児の聴覚検査では，聴覚刺激に対する行動反応や聴性脳幹反応（ABR：auditory brainstem response）などの他覚的聴力検査を行う。これらの検査によって生後早期から聴力を測定できる。視覚の検査でも視覚刺激に対するさまざまな反応と必要に応じた他覚的検査で視覚を評価するが，視力を直接測定することはできない。しかし，眼病態を観察，評価する検査が充実しており，それらの検査結果を総合的に判断することで視力をかなり正確に推測できる。

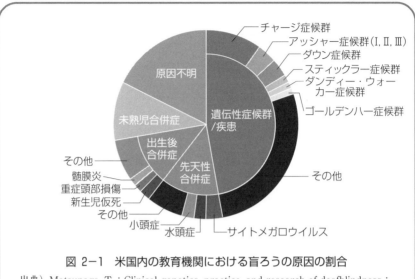

図 2-1　米国内の教育機関における盲ろうの原因の割合

出典）Matsunaga, T.：Clinical genetics, practice, and research of deafblindness：From uncollected experiences to the national registry in Japan, *Auris Nasus Larynx*, **48**(2), pp.185-193, 2021.

されている[5]（図2-1）。原因別の盲ろう者数では，遺伝性疾患が最多で約50%，そして原因不明，妊娠中あるいは出生時の問題，生後の環境因子等，未熟児の順番であった。原因不明，妊娠中あるいは出生時の問題には，遺伝的原因がかなり含まれていることが考えられるため，小児および若年成人の盲ろうには，遺伝的原因の関与が大変大きいといえる。そして，その関与の割合は年々増加しており，その理由のひとつは遺伝以外の原因による盲ろう者数が時代とともに減少しているためである。例えば**先天性風疹症候群**は妊娠中の母体の風疹感染が原因となるが，ワクチンの普及によって減少している。もうひとつの理由としては，遺伝的原因による盲ろう者数の増加がある。これは，以前は生存困難であった染色体異常などで生命にかかわる重篤な随伴症状のある盲ろう児が，近年の新生児，乳幼児に対する医療の進歩によって生存できるようになったためである。

（4）視覚の生理

　視覚の情報は光が角膜，前房，水晶体の順番に通過，屈折して，さらに硝子体を通過して網膜で感知される。眼内に入る光の量は虹彩で調整される。網膜では光を受容して電気刺激に変換し，視神経に伝え，さらに脳での神経経路を経て大脳皮質視中枢に情報が伝わり認識される。網膜は10層の層状構造をなし，最外層は網膜色素上皮層である。網膜の外側にはメラニン色素と血管が豊富な脈絡膜がある。光刺激を感受する網膜の視細胞には錐体と杆体がある（図2-2-A）。錐体は網膜の黄斑部で密度が高く，色覚と中心視力を担当する（図

先天性風疹症候群
母親が妊娠中に風疹ウイルスに感染することによって生じる胎児の疾患であり，頻度の高い症状は難聴，白内障，先天性心疾患，精神発達遅滞など。

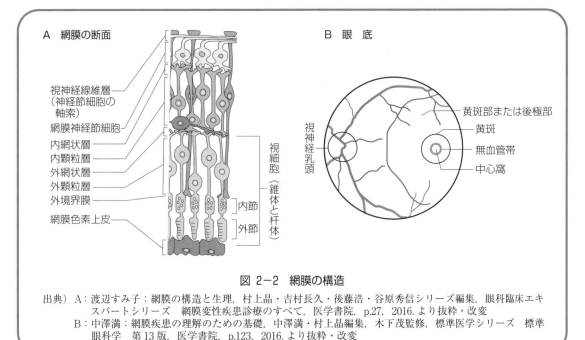

図 2-2　網膜の構造

出典）A：渡辺すみ子：網膜の構造と生理，村上晶・吉村長久・後藤浩・谷原秀信シリーズ編集，眼科臨床エキ
スパートシリーズ　網膜変性疾患診療のすべて，医学書院，p.27，2016.より抜粋・改変
B：中澤満：網膜疾患の理解のための基礎，中澤満・村上晶編集，木下茂監修，標準医学シリーズ　標準
眼科学　第 13 版，医学書院，p.123，2016.より抜粋・改変

2-2-B）。杆体は網膜の周辺部に分布し**暗順応**と周辺の視野を担当する。黄斑部の中心部の黄斑の中心部である中心窩は，錐体のみで構成されている。視細胞からの視覚情報を伝えられた神経節細胞の軸索は，網膜の視神経乳頭に収束して視神経となる。

（5）聴覚の生理

聴覚の情報は，音が外耳，中耳を介して内耳の**蝸牛**で感知される。外耳は耳介と外耳道からなり，外耳道内の共鳴により 250〜4,000Hz の音波が約 10dB 増強される。音波で外耳道と中耳の境界にある鼓膜が振動すると，中耳内の耳小骨（ツチ骨，キヌタ骨，アブミ骨）を介して内耳の蝸牛に振動が伝わる。中耳では，鼓膜とアブミ骨底の面積比と耳小骨間のテコ比により音圧が約 27.5dB 増強される。蝸牛は 2 回転半の管状の構造であり，管の内部は外リンパの入った前庭階，鼓室階と内リンパの入った蝸牛管に分けられている（図2-3-A）。蝸牛内の感覚細胞である有毛細胞は基底板の上のコルチ器内にあり，基底板が振動して，有毛細胞の聴毛がその上面に接する蓋膜との間のズレ運動により屈曲すると電気的に興奮し，シナプスを介して蝸牛神経に信号を伝える（図2-3-B, C）。蝸牛神経からの聴覚情報は脳内での神経経路を経て，大脳皮質聴覚領で認識される。有毛細胞には内有毛細胞と外有毛細胞があり，主に内有毛細胞が音情報を脳に伝えている。外有毛細胞は**伸縮運動**により蝸牛における音の感受性，分析性をより鋭敏にしている。

暗順応
明るい環境から暗い環境に変化したときに，視細胞の杆体が微弱な光を感じることができるように変化して，徐々に見えるようになること。

蝸牛
哺乳類では，巻貝の「蝸牛：かたつむり」に形が似ているため，この名称がある。

伸縮運動
外有毛細胞は基底板の振動により，脱分極と過分極を繰り返し，同時に収縮と伸張をし，基底板の動きを増幅している。

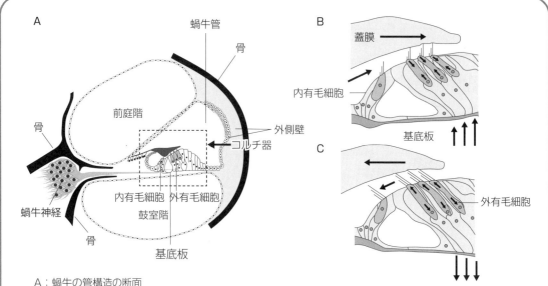

A：蝸牛の管構造の断面
B：基底板が上向きに移動：聴毛の屈曲により脱分極して蝸牛神経に信号を伝える。外有毛細胞は収縮して
　　基底板の動きを増幅する。
C：基底板が下向きに移動：聴毛の屈曲消失により外有毛細胞は伸長して基底板の動きを増幅する。

図 2−3　聴器の構造と有毛細胞の機能

出典）A：松永達雄：第 2 章 10. ミトコンドリア難聴，村山圭・小坂仁・三牧正和編集：遺伝子医学 MOOK
　　　35　ミトコンドリアと病気，メディカルドゥ，p.127，2020. を改変
　　　B，C：山本典生：耳の発生・解剖・生理，大森孝一・野中学・小島博己編集：標準医学シリーズ　標
　　　準耳鼻咽喉科・頭頸部外科学　第 4 版，医学書院，p.16，2022. を改変

（6）盲ろうの病理

　　盲ろうの原因は視覚と聴覚の両方に共通する場合が多いが，視覚と聴覚で原因が異なる場合もある。最も多い遺伝的原因では，視覚障害，聴覚障害を発症するのは先天的，後天的（生後）のどちらもある。一つの**遺伝子の変化**で，視覚，聴覚，あるいはそれ以外の臓器にも症状が出る理由は，原因遺伝子によって産生されるたんぱく質が目，耳など複数の臓器の発生や機能を担い，遺伝子の変化によりそのたんぱく質を必要とするすべての臓器に症状が出るためである。

　　眼球では，網膜，視神経は再生しない組織であるため，障害が慢性化すると現時点では標準的治療法が確立していないが，臨床研究として有効性が報告された再生医療や遺伝子治療などが増えつつある。網膜，視神経以外の障害に対しては，慢性化した病態であっても薬剤や手術による根治，機能回復，悪化の予防ができる場合が多い。

　　外耳，中耳の障害による聴覚障害は伝音難聴であり，手術あるいは薬物療法で改善できる場合が多い。内耳，蝸牛神経の障害による聴覚障害は感音難聴であり，これらの組織は再生しない組織であるため，障害が慢性化すると現時点

遺伝子の変化
遺伝医療において，遺伝子の変化を従来は変異と表現したが，現在はバリアントと表現される。その種類は 1 塩基の変化から染色体全体の変化まで多様である。

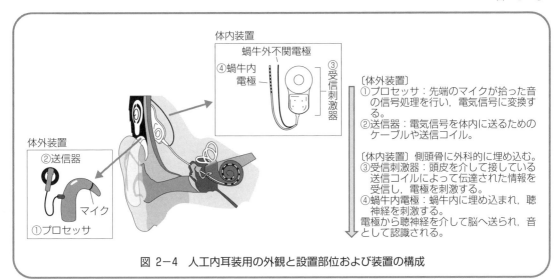

体内装置
蝸牛外不関電極
④蝸牛内電極
③受信刺激器

体外装置
②送信器
マイク
①プロセッサ

〔体外装置〕
①プロセッサ：先端のマイクが拾った音の信号処理を行い，電気信号に変換する。
②送信器：電気信号を体内に送るためのケーブルや送信コイル。

〔体内装置〕側頭骨に外科的に埋め込む。
③受信刺激器：頭皮を介して接している送信コイルによって伝達された情報を受信し，電極を刺激する。
④蝸牛内電極：蝸牛内に埋め込まれ，聴神経を刺激する。
電極から聴神経を介して脳へ送られ，音として認識される。

図 2-4　人工内耳装用の外観と設置部位および装置の構成

では根本的治療法がない。このため慢性化した感音難聴に対しては，障害の程度や部位に応じて，補聴器・**人工内耳**などのリハビリテーション機器で聴覚情報を補償する（図2-4）。伝音難聴と感音難聴の両方が認められる場合もあり，これは混合性難聴という。

　視覚は生後早期の**視覚感受性期間**（生後～9歳ころ，特に生後3か月～2歳）に適切な視覚刺激がないと視力発達が妨げられ，不可逆的な視力不良である弱視になる。弱視は片眼と両眼のどちらでも生じ，視覚中枢の可塑的変化の障害が原因である。このため，先天性あるいは生後早期に発症する視覚障害は，早期に発見して早期に適切な治療をすることが重要である。これにより弱視の予防，視力低下の改善が期待できる。

　出生後の聴覚は言語の獲得に必須であり，**言語獲得の臨界期**（生後～4歳）を過ぎると言語獲得は困難になる。弱視と同様に脳の可塑的変化の障害が原因である。このため難聴を早期に発見し，難聴の程度に応じた聴覚補償により療育を行う必要がある。聴覚補償による介入は，早期であるほど言語獲得の効果が高いため，現在では出生時の**新生児聴覚スクリーニング**が全国的に普及している。生後1か月までにスクリーニング，3か月までに診断，6か月までに療育を開始することが推奨されている。

（7）代表的疾患

1）チャージ（CHARGE）症候群

　チャージ症候群は盲ろう児の約10%で認められ，盲ろう児の遺伝性疾患の中では最も頻度の高い疾患である[3]。本疾患名は，以下の代表的症状の頭文字を示す。C（coloboma of the eye：眼コロボーマ），H（heart defect：先天性心疾患），A（atresia of the choanae：後鼻孔閉鎖），R（retardation of growth /

人工内耳
高度・重度の難聴に対する人工臓器である。音を体外装置のマイクで集めて電気信号に変換し，手術により埋め込んだ体内装置の電極から蝸牛内にの聴神経を刺激して，聴覚情報を聴覚中枢に伝える。

視覚感受性期間，言語獲得の臨界期
脳で神経回路網の可塑性が一過性に高まる生後の限られた時期で，視覚，聴覚，言語の習得などに認められる。

新生児聴覚スクリーニング
聴覚障害の早期診断と早期介入をするために，生後間もない時期に実施する検査であり，精密検査の要否を判定する。

development：成長・発達の遅れ），G（genital and urinary abnormalities：外陰部・尿路系の異常），E（ear abnormalities：耳の異常）。これらの症状以外にも全身のさまざまな症状が知られている（図2-5）。

　眼症状の眼コロボーマとは，虹彩，網膜，脈絡膜，視神経などの構造の部分的あるいは全体的欠損であり，その部位によって視覚は正常から重度障害まで多様である。小眼球を呈する場合もある。耳症状は，外耳，中耳，内耳，聴神

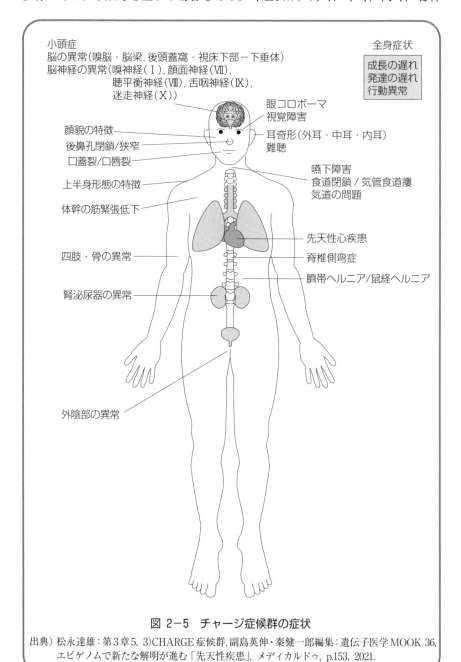

小頭症
脳の異常（嗅脳・脳梁，後頭蓋窩・視床下部－下垂体）
脳神経の異常（嗅神経（Ⅰ），顔面神経（Ⅶ），
　　　　　　聴平衡神経（Ⅷ），舌咽神経（Ⅸ），
　　　　　　迷走神経（Ⅹ））

全身症状
成長の遅れ
発達の遅れ
行動異常

眼コロボーマ
視覚障害

顔貌の特徴
後鼻孔閉鎖/狭窄
口蓋裂/口唇裂
上半身形態の特徴
体幹の筋緊張低下

耳奇形（外耳・中耳・内耳）
難聴

嚥下障害
食道閉鎖／気管食道瘻
気道の問題

四肢・骨の異常

先天性心疾患
脊椎側弯症
臍帯ヘルニア/鼠経ヘルニア

腎泌尿器の異常

外陰部の異常

図 2-5　チャージ症候群の症状

出典）松永達雄：第3章5, 3）CHARGE症候群,副島英伸・秦健一郎編集：遺伝子医学MOOK 36,エピゲノムで新たな解明が進む「先天性疾患」, メディカルドゥ, p.153, 2021.

経の奇形であり，奇形の程度と部位によって正常聴覚から重度障害まで多様である。約 90% の患者では CHD7 遺伝子の病的バリアント（変化）が遺伝的原因であり，**常染色体顕性（優性）遺伝**である[6]。

2）アッシャー症候群

アッシャー症候群は盲ろう児の約 3.5% で認められ，チャージ症候群に次いで頻度の高い疾患である[3]。小児期以後に盲ろうが判明する例が多いため，盲ろう者の遺伝性疾患の中では最も多い[7]。本疾患は難聴と網膜色素変性症が特徴であり，臨床像によってタイプ 1，タイプ 2，タイプ 3 の 3 型に分類され，それぞれ原因遺伝子が異なる。タイプ 1 は先天性の高度〜重度難聴と前庭機能障害と，10 歳ごろに判明することが多い網膜色素変性症を呈する。タイプ 2 は先天性の中等度〜高度難聴で進行する場合もあり，前庭機能は正常，そして 10 歳代半ばから 20 歳代前半の間で判明することが多い網膜色素変性症を呈する。タイプ 3 は 4 歳以後発症の進行性難聴で 40 〜 50 歳までに重度難聴になり，前庭機能は正常または異常，10〜20 歳の間で判明することが多い網膜色素変性症を呈する。患者数の分布は，タイプ 1 が約 35%，タイプ 2 が 60 〜 70%，タイプ 3 は 2 〜 3% である。

視覚障害は網膜の杆体の変性に続いて錐体の変性であり，網膜色素上皮，脈絡膜の変性も伴う。聴覚障害の病態は蝸牛の有毛細胞の変性である。原因遺伝子はタイプ 1 が MYO7A（53 〜 63%），CDH23（7 〜 20%），PCDH15（7 〜 12%），USH1C（1 〜 15%），USH1G（0 〜 4%），タイプ 2 は USH2A（57 〜 79%），ADGRV（7 〜 19%），WHRN（0 〜 10%），そしてタイプ 3 は CLRN1 である。これらの遺伝子はいずれも**常染色体潜性（劣性）遺伝**である。ほかにも数遺伝子が原因として報告されているが，まだ確定していない。

3）ダウン症候群

ダウン症候群は盲ろう児の原因疾患としてアッシャー症候群とほぼ同程度の頻度で認められる[3]。本疾患は，発達の遅れ，特異的顔貌，筋緊張低下，心奇形，消化管奇形，甲状腺機能低下症，視覚障害，聴覚障害などを認める。視覚障害は，屈折異常（18 〜 58%），白内障（25 〜 85%），斜視（5 〜 30%），弱視（10 〜 26%），眼振（5 〜 30%），円錐角膜（5 〜 8%），網膜奇形（0 〜 38%）などが原因となる[8]。聴覚障害はダウン症候群の小児の 80% 以上で認められ，多くは軽・中等度であり，伝音，感音，混合性のいずれの難聴も認められる[9]。原因として，伝音難聴は外耳・中耳奇形とそれに関連する中耳炎であり，感音難聴はさまざまな内耳奇形である。ダウン症候群の遺伝的原因は，約 95% が 21 番染色体の**トリソミー**であり，約 4% が 21 番染色体の**転座**，約 1% がトリソミー細胞と正常細胞との**モザイク**である。21 番染色体のトリソミーは第 1 減数分裂の染色体不分離で生じ，染色体不分離は 97% がトリソミー児の母の生殖細胞で生じ，3% が父の生殖細胞で生じる。

常染色体顕性（優性）遺伝
両親由来の二つの常染色体の一つの常染色体のみの遺伝子に病的バリアント（変化）をもつことで表現型（症状）を認める遺伝形式。従来は優性遺伝と称されたが，顕性遺伝に変更された。

常染色体潜性（劣性）遺伝
両親由来の二つの常染色体の両方の常染色体の同じ遺伝子に病的バリアント（変化）をもつ場合のみに表現型（症状）を認める遺伝形式。従来は劣性遺伝と称されたが，潜性遺伝に変更された。

トリソミー
特定の染色体を正常の 1 対（2 本）ではなく 3 本もつ状態。

転座
一つの染色体からほかの染色体への断片の移行。ダウン症候群では通常は 14 番染色体か 22 番染色体への転座である。

モザイク
受精後，出生前あるいは出生後に一つの細胞に変化が起こることで，個体や組織に少なくとも二つの遺伝的に異なる細胞系統が存在すること。

4）スティックラー症候群

スティックラー症候群は盲ろう児の遺伝性疾患の 1 ～ 2 ％で認められる[3]。本疾患では，近視，白内障，網膜硝子体変性，網脈絡膜の高度萎縮，網膜剥離，伝音難聴あるいは感音難聴，特異的顔貌，口蓋裂，呼吸障害，摂食障害，脊椎側弯症，関節の過進展，若年性の関節炎などを認める[10]。

目の症状としては，先天性あるいは 6 歳以前に生じる強度の近視を約 80 ％で認め，非進行性である。約 70 ％の患者では 20 歳以前に網膜剥離を発症する。本疾患は原因遺伝子によってタイプ 1 ～ 5 に分類され，それぞれ臨床的特徴が異なる。タイプ 1 はスティックラー症候群の患者の 80 ～ 90 ％で認められ，膜性硝子体変性を呈し，聴覚障害を約 60 ％で認める。聴覚障害は主として小児期発症，軽・中等度，非進行性である。タイプ 2 は 10 ～ 20 ％で認められ，玉状硝子体変性を呈し，聴覚障害を 80 ～ 100 ％で認める。聴覚障害は先天性あるいは小児期の早期に発症，中等度以上，進行性である。タイプ 3 は希少で眼病変を認めず，聴覚障害は全例で認め，難聴は中等度以上，非進行性である。原因遺伝子は，タイプ 1 が COL2A1，タイプ 2 は COL11A1，タイプ 3 は COL11A2 である。これらの遺伝子はいずれも常染色体顕性（優性）遺伝である。タイプ 4，タイプ 5 の原因遺伝子はそれぞれ COL9A1 と COL9A2 であり，常染色体潜性（劣性）遺伝であるが，少数例の報告のみのため十分検証されていない。

5）未熟児に合併する疾患群

未熟児には明確な定義がなく，早産児，低出生体重児の総称として用いられており，盲ろう児の約 10 ％の原因となっている[3]。未熟児に合併する疾患群は，未熟児網膜症，呼吸窮迫症候群，無呼吸発作，動脈管開存症，新生児壊死性腸炎，脳室内出血・脳室周囲白質軟化症，貧血，難聴などが知られており，これらの疾患に対する治療としてのアミノグリコシド系抗生剤などの耳毒性薬剤，

早産児
妊娠 37 週未満で出生した児を早産児，28 週未満で出生した児は超早産児という。

低出生体重児
出生体重 2,500 g 未満の児を低出生体重児，1,500 g 未満の児を極低出生体重児，1,000 g 未満の児を超極低出生体重児という。

コラム　盲ろうの遺伝学的検査

盲ろうの原因は多様であり，原因診断が困難である。特に乳幼児では，成人患者に用いられる検査が行えない場合が多く，診断が難しい。また，どちらか一つの感覚障害では可能な診療が，両方の感覚障害では実施できない場合も多い。このため主たる原因が遺伝的原因である乳幼児の盲ろうでは，少量の採血のみで実施できる遺伝学的検査の意義が大きい。また，遺伝学的検査には他の検査ではわからないその後の視覚・聴覚および他の合併症を予測して，診療を計画できる意義がある。盲ろうの原因遺伝子は，単独の視覚障害あるいは単独の聴覚障害の原因遺伝子とは異なる種類が多いため，盲ろうの原因診断に適した遺伝学的検査を実施する必要がある。

人工呼吸器の使用，新生児集中治療室への入院なども難聴の危険因子である。

　未熟児網膜症の病態は，未熟な網膜血管に生じる血管増殖性の病変である。人の網膜血管は妊娠36〜40週で完成するので，それ以前の出生で発症する可能性がある。新生血管が硝子体中に進展し，線維増殖膜を形成して牽引性の網膜剥離を起こす。線維性増殖組織がさらに進行すると，後水晶体線維増殖症による白色瞳孔や眼球の発達不良による小眼球となる。出生体重1,600g以下あるいは在胎32週以下での発症頻度が高く，出生体重が少ないほど，あるいは在胎週数が短いほど重症化しやすくなる。また，出生後の体重増加不良，感染，輸血，壊死性腸炎，脳室内出血，慢性肺疾患などの全身合併症，あるいは高濃度酸素投与も危険因子となる。蝸牛は妊娠20〜22週には成人と同様の構造が完成しているため，網膜よりも早産，低出生体重の影響が少ない。しかし，蝸牛の有毛細胞は無酸素あるいは低酸素に対して脳と同様に傷害を受けやすいため，そのような状態となりやすい未熟児は聴覚が障害を受けやすくなっている。

2 　盲ろうの心理学的特徴

（1）盲ろう児と心理発達

　盲ろう児といえば，ヘレン・ケラーの幼少期の様子を思い浮べるだろうか。映画「奇跡の人」で，サリバン先生が，水を触ったヘレン・ケラーの手を取り，彼女の掌の中で"W-A-T-E-R"と指文字を繰り返すシーンはとても有名である。一概に盲ろう児といっても，1歳7か月で盲ろうの状態になったヘレン・ケラーのように，見たり聞いたりした経験がある盲ろう児もいれば，生まれつき盲ろうの状態の子どももいる。あるいは，ある程度ことばを習得した後に，盲ろうの状態になる者もいる。障害の程度についていえば，完全に見えず聞こえない盲ろう児だけでなく，表2-1のようにその状態はさまざまである。さらにいえば，視覚障害と聴覚障害に加えて，その他の障害を併せ有する子どもも含まれる。このように盲ろう児の様相は多様である。

　人間の赤ちゃんは，保護者からの手厚い療育を受けながら，保護者との信頼関係を築いていく。赤ちゃんは，この信頼関係を軸に，周囲の人や物とのやり取りなどを繰り返し，世界を広げていく。では，盲ろう児の場合はどうだろうか。盲ろう児者の理解のために，しばしばアイマスクと耳栓を用いた盲ろう疑

表 2-1　盲ろう児の障害の程度の多様さ

	見えない（全盲）	見えにくい（弱視）
聞こえない（ろう）	全盲ろう	弱視ろう
聞こえにくい（難聴）	全盲難聴	弱視難聴

アイマスクと耳栓を用いた盲ろう疑似体験
アイマスクと耳栓を用いて疑似体験をすることが多いが，完全に盲ろうの状態を再現することはできない。また，実際には一時的な盲ろう状態とは異なり，長期に渡って視覚・聴覚情報を得にくい状況であるため，ことばの獲得や，さまざまな経験，心の発達に関するさまざまな困難さがある。

似体験が行われる。アイマスクと耳栓を装着した状態を想像し，盲ろう児の発達について思い浮かべてみてほしい。そばにいるのは誰だろうか。おなかがすいて泣いているが，誰か気づいてくれているだろうか。急に握らされたものは何だろうか。少し想像してみただけでも，安心感を得にくい状況であることが想像できる。

　前述したように，盲ろう児の様相は多様であるものの，人間が得ている情報の９割近くが視覚または聴覚によるものであることを踏まえると，盲ろう児の発達においても視覚・聴覚情報に制約があることは大きな影響を与えることが想像できる。以下では，心理発達の中でも，特に認知発達や情動発達につながる内容に焦点を当てて，盲ろう児の心理について考える。

（２）認 知 発 達

　認知とは，広義には，「知覚，注意，記憶，学習，判断，思考などの脳機能活動全体」のことをさす[11]。狭義には，「判断や思考のような，より高次の脳機能活動」のことをさすとされる[11]。ここでは，人間が自分を取り巻く環境からの情報を受け取って，自分がどうするのか思考・判断することととらえたい。子安[11]は，認知の発達においてまずは「表象（イメージ）」の形成が重要であると指摘している。目の前にあるものだけでなく，頭の中で思い浮かべた情報によって行動できるようになり，さらに記号に置き換えられるようになる。

　ここでピアジェが提唱した認知発達の段階を紹介する。表2-2に，４段階（①感覚運動期，②前操作期，③具体的操作期，④形式的操作期）の特徴を簡潔に示した。感覚運動期は，まず目の前の物を知るという基礎的な時期であるといえるが，盲ろう児の場合を考えると，感覚に制限があることが想像できる。

表 2-2　ピアジェの認知発達の４段階

段階名	おおよその年齢	特　徴
①感覚運動期	0～2歳ころ	ことばが出現する以前の段階で，見る・聞く・さわる・なめるなどの感覚機能を用いる遊びや，手足を動かす・ボールを投げるなどの運動機能を用いた遊びをする段階。(例)赤ちゃんが，床に置いてあった玩具を見たり，触れたり，なめたりする。
②前操作期	2～7歳ころ	言語やイメージをとおして，周囲の物やことについて理解する段階。ごっこ遊びなど，見立て遊びができるようになる。
③具体的操作期	7～11歳ころ	目に見える具体物を思い浮かべ，頭の中で回転させるなど，自分から見えていない角度からどのように見えるか想像できる。他者の視点を理解できるようになる。
④形式的操作期	11～12歳ころ	目に見えない抽象的な概念についても，論理的に考えられるようになる。

ここでは，感覚運動期にみられる「能動的な行動」と「物の永続性の理解」
に焦点を当てて説明する。

1）能動的な行動

かつて，赤ちゃんは，大人からの一方的な働きかけを受けて育つ受け身的な
存在だと考えられていた。しかし，研究が進むにつれて，赤ちゃんは，生まれ
ながらに，個性や環境に働きかける力をもっていることが明らかになってき
た[12]。目の前のことを知るために，赤ちゃんはどのようにして環境に働きか
けているのだろうか。

まず，赤ちゃんは，五感を使って感覚を選び取っている。**赤ちゃんは顔の形**
や縞模様を好んで見ること（視覚），親の声をえり好みすること（聴覚），お母
さんの母乳のにおいを区別できること（嗅覚），凸凹やなめらかさ，痛みや温
度を区別できること（触覚），苦味や甘味，ミルクの濃さを区別できること（味
覚）などが知られている[13]。また，保護者とのやり取りの中で，赤ちゃん自
ら保護者に働きかけている。赤ちゃんと保護者のかかわりをみてみると，こと
ばはなくてもやり取りが成立していることがわかる。例えば，赤ちゃんが困っ
た顔で小さな声を出しているとき，保護者は「そうなの，おなかすいたのね」
と笑顔でミルクを飲ませようとする。その反応を見て，赤ちゃんが足をバタバ
タさせるといった場面がある。赤ちゃんは，保護者に対して，能動的に働きか
けているのである。

ここまで述べてきた例からも，視覚と聴覚に関連する情報が大きくかかわっ
ていることがわかる。盲ろう児が感覚をえり好みする場合にも，視力や聴力の
状況によっては，得られない（または得にくい）ことがある。また，保護者と
のやり取りにおいても，不快感があり泣いている赤ちゃんに対して，保護者が
笑顔で声をかけたとしても，盲ろう児には表情も声も届いていない場合があ
る。このように，盲ろう児は能動的な行動が制限されるのである。また，保護
者とのやり取りの例からわかるように，盲ろう児が能動的に行動をとったとし
ても，保護者からの反応が得られず，次の行動へとつながりにくい。

盲ろう児が探索をできるように，かかわり手は，子どものえり好む感覚をて
いねいに観察することが大切である。どのような素材を好んで触っているか，
どのような色・模様だと視線が動いているか，どのようなときに進んで手を伸
ばしているかなど盲ろう児の行動をさまざまな角度から観察してみると，探索
につながるヒントが得られる可能性がある。

2）物の永続性の理解

生後数か月の赤ちゃんは，玩具で遊んでいたとしても，その玩具が布で隠さ
れると，その玩具を探そうとせずに別の遊びを始める。それは，視界から消え
たものは，存在していないと認識するためであるという。赤ちゃんはしだいに，
視界から対象物が消えたとしても，その対象物が存在していると認識できるよ

赤ちゃんは顔の形や縞
模様を好んで見る
乳児に複数の画像など
を見せ，より長く見つ
めたほうを好んで見て
いると判定する方法で
明らかにされた。特に
選り好んで見つめたの
が，顔の形や縞模様で
あった。

うになる。物が視界から消えても存在し続けていることを認識する力のことを「物の永続性」と呼ぶ。物の永続性について提唱したピアジェは，物の永続性の理解は，生後8か月ごろに獲得すると指摘したが，近年ではさらに低月齢の乳児でも物の永続性を理解しているといわれている。

　前述した隠された玩具の例について考えてみても，物の永続性には，視覚から得られる情報が大きくかかわっていることがわかる。目からの情報を得にくい場合は，どのように物の永続性を認識するのだろうか。

　まず，視覚障害児（ここでは盲児をさす）の物の永続性の理解について述べる。視覚障害児は，聴覚経験よりも，触覚経験に基づいて物の永続性を認識しているといわれている[14]。物の永続性を認識する前段階として，対象物に手を伸ばし，対象物を探索する過程がある[14]。初めは触ったことのある物の手を伸ばすが，しだいに，知らない物にも手を伸ばすようになる[15]。対象物を繰り返し触覚的に探索することで，子どもたちは探索された物体の特性が一定のままであることを認識するようになる。ただし，ここで注意すべき点として，盲児が探索をしないからといって，必ずしも物の永続性を理解できていないというわけではないということである[15]。例えば，子どもは触れると音が鳴る玩具があっても，そのことを知らなければ，手を触れようとしないかもしれない。そのため，まずは子どもたちが物をしっかり探索する経験を重ねて，探索をしたいと思う動機づけを支援する必要がある。盲児にとっては，音を聞いただけの対象物よりも，音を聞いて触れた対象物に手を伸ばす可能性が高いことから[14]，複数の感覚を用いることが動機づけの支援のヒントとなりうる。

　盲ろう児の場合を考えてみると，大人からの声かけや，玩具から出る音といった視覚障害児の場合に手がかりとなる聴覚からの情報を得にくいため，さらなる困難が生じる。視覚障害児の場合は，声がする方向に手を伸ばして口を触ってみる，音が鳴る玩具で遊ぶといった経験が重なり，人や物に触れていなくても，そこに人や物があることを理解できるようになるが[16]，盲ろう児の

コラム　物を投げる行動からのヒント

　ある盲ろう児は，授業中にクレヨンをよく投げていた。教師は，活動を続けるために，クレヨンを拾い，着席したままの子どもに渡すことを繰り返していた。あるとき「この子どもは投げたクレヨンが床に転がっていることを理解していないかもしれない」と思った教師は，クレヨンを投げたときにはいっしょにクレヨンを拾いに行くようにした。また，クレヨンを投げるときには，活動を終わりたいと思っている可能性も考え，活動の終わりに使用する教材を片付ける箱（フィニッシュ・ボックス）を導入した。このことから，盲ろう児は，クレヨンは投げても存在していること，終わりたいときに投げる以外の方法を学ぶきっかけとなった。

場合は，離れていてもそこに人や物が存在することを理解することが難しい。盲ろう児にとっては視覚障害児よりも，さらに多くの時間を要すると考えられる。

物の永続性を理解するための工夫として，振動などの感覚を用いるこ

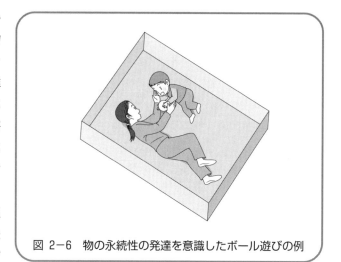

図 2-6　物の永続性の発達を意識したボール遊びの例

とができる。振動する玩具が手から離れても，振動し続けていれば，同じ玩具に触れたことに気づく機会になるかもしれない。また，活動範囲を触覚的に示すことができる。例えば，ボール遊びをするときに，広い空間の中で活動すると，盲ろう児の手から離れていったボールの存在はなくなったものとみなす場合がある。図2-6のように，段ボールの中にいっしょに入ってボール遊びをすることで，手から離れても跳ね返って盲ろう児の元に戻ってくる。このような経験を積み重ねて，じっくり時間をかけて取り組むことが大切である。

（3）情動発達

「情動」と聞くと，喜び，怒り，悲しみ，恐怖といった感情を思い浮かべる人も多いだろう。しかし，情動には，これらの感情そのものだけでなく，感情を感じ，表情などで表出すること，そして，血圧や脈拍などの生理学的変化が起きている状態まで含まれる。例えば，怒りを感じたとき，怒った表情を表出し，顔が赤くなるといった変化全体が情動である。

生後間もない赤ちゃんは，おむつのぬれや空腹による不快感があると，泣いて保護者にメッセージを伝える。また，笑った顔や驚いた顔など，さまざまな表情をみせる。このような情動は，保護者とのかかわりのきっかけとなるなど，コミュニケーションにおいて重要な役割を果たしている。

ここでは，「愛着形成」と「共同注意」に焦点を当てて説明する。

1）愛着形成

赤ちゃんは，不快感のあるときに，保護者にお世話してもらったり，慰めてもらったりすることで，不快感や不安が軽減する経験を重ねている。また，保護者は，赤ちゃんの笑顔が励みになり，ますますわが子を「かわいい」と感じるようになる。このような繰り返しにより，赤ちゃんと保護者はお互いに重要

な存在となり，深い心の絆をつくり上げていく。

特定の人
愛着の対象は母親だけではない。父親や祖父母など，適切な養育を行っている者は愛着の対象となる。例えば，菅原[17] は父親の育児行動が，その後の子どもの精神的健康に関連することを明らかにしている。

　このような**特定の人**（ここでは保護者とする）との心の絆のことを，「愛着（アタッチメント）」と呼ぶ。愛着は，赤ちゃんの他者に対する信頼感を育み，その後の心の発達にきわめて重要である。

　愛着形成の過程には，赤ちゃんと保護者のやり取りが不可欠だが，それは言語的にも非言語的にも行われる。その方法は，音声言語，視線や表情，身振り，身体の触れ合いなどさまざまである。音声言語には，ことばそのものだけでなく，声の高さやイントネーションなどさまざまな情報が含まれている[13]。このことを踏まえると，盲ろう児の場合には，愛着形成に至るまでのやり取りに必要な情報を得にくく，自分からも表出しにくい状況にあるといえる。例えば，盲ろう児が泣いたときに，保護者が赤ちゃんに目線を合わせ，優しい表情で，「どうしたの？　おなかがすいたのかな？」とゆっくり語りかけたとしても，盲ろう児にはいずれの情報も感受することが難しく，その結果，盲ろう児からの表出の機会も少なくなりかねない。

　保護者にとっても，赤ちゃんに声をかけたり，お世話をしたりしたときに，赤ちゃんの笑顔や落ち着いた様子をみることができなければ，育児の励みとなる機会が減るかもしれない。盲ろう児がいる部屋に保護者が入り，赤ちゃんを抱き上げたときに，突然のでき事にびっくりした赤ちゃんが騒ぎ出すことがある。このとき，保護者は，わが子が自分に懐いていないと感じ，動揺するといったことも起こりうる[18]。Reda & Hartshorne[19] は，チャージ症候群の子どもの保護者25人を対象に子どもとの愛着形成について質問紙調査を行った。そのうち，12人が聴覚障害児，7人が視覚障害児，3人が盲ろう児の保護者であったが，聴覚障害児12人および視覚障害児1人は安定型であるとされた一方で，その他は安定型には分類されなかった。小規模の調査ではあるが，視覚障害が親子の愛着形成に影響を与える可能性がうかがえる。

　盲ろう児の愛着形成のためのヒントを，視覚障害児の保護者に関する研究から得たい。Fraiberg[14] は，盲児の保護者が，子どもの気持ちを読み取る際に，彼らの表情だけでなく，手の動きのような身振りをみるように教えられた場合には，子どもたちが，実は感情や興味，情動などを幅広く表していることに気

コラム　盲ろう児にとっての手

　Miles は，盲ろう児の手について，一般的な「道具を扱う」という役割だけでなく，「世界を知覚する手段（探索）」としての役割と，「声や表現（コミュニケーション手段）」の役割をも担うとし，盲ろう児の興味・関心や情動の変化を読み取る重要な部位であると述べている[16]。盲ろう児にかかわる者は，盲ろう児の手の発達と表現性を促す指導を行うことが大切である。

づき，これまでの自身の子育てが報われた気持ちになることを示している。さらに，この気づきにより，保護者は盲児との対話を取り戻すことができると述べている。反対に，この対話ができない場合には，盲児と保護者との関係を適切に築くことが難しいといえる。このことから，盲ろう児のかかわり手は，盲ろう児の表情や視線，手や足の動きなど全身に注目し，盲ろう児の気持ちを汲み取る視点をもつことが大切だといえる。

　加えて，盲ろう児と保護者の愛着形成を考えると，周囲の人が保護者に寄り添う姿勢が大事である。盲ろう児を担当する教員など，盲ろう児の関係者の立場であれば，保護者の思いを傾聴し，不安がある場合にはそれを理解し，支援しようとする態度が大切である。「盲ろうだからこうだ」などの知識を提供するのではなく，「この子ども」の得意なことや好きなこと，上手にできたことなどを伝えることが大事である。

2）共同注意

　生まれたばかりの赤ちゃんは，自分と他者の区別がついていないが，徐々に「自分と他者」，「自分と物」のように1対1のかかわりをもつようになる。例えば，玩具で遊んでいるときに，保護者に声をかけられても気づかない様子がみられる。このような二者の関係のことを「二項関係」と呼ぶ（図2-7）。生後9か月ごろになると，「自分と他者と物」のような1対1対1のやり取りへと広がる。このような三者の関係のことを「三項関係」と呼ぶ（図2-7）。三項関係が成立すると，赤ちゃんは，散歩中に歩いている犬を指さして「あっ」と声を出して保護者に知らせたり，保護者が「お花が咲いているね」と木の上を指さすと，赤ちゃんも花を見たりするようになる。このように，他者と物に注意を向け，関心を共有することを「共同注意」と呼ぶ。まだことばを発せない子どもにとって，指さしは重要なコミュニケーション手段となる。三項関係の成立は「会話の始まり」ともいわれ，社会性やコミュニケーションの発達の基礎となる重要な変化であるといえる。

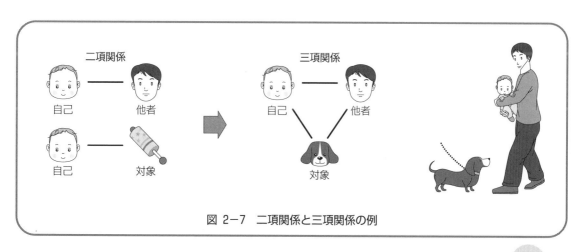

図 2-7　二項関係と三項関係の例

聴覚的共同注意，触覚的共同注意
大藪[20]は，盲児にも共同注意があることや，人間は複数の感覚を補足し合いながら共同注意を含む心の活動を行っていることを指摘している。

では，盲ろう児の場合はどうだろうか。視覚をとおした共同注意（視覚的共同注意）が注目されがちであるが，実は，耳からの情報をとおした共同注意（聴覚的共同注意）や感触をとおした共同注意（触覚的共同注意）の存在が示されている[20]。ここでは，盲ろう児の三項関係の成立を考えるために，盲ろう児との触覚的なかかわりに焦点を当てたい。

土谷・菅井[21]は，振動や息かけ，肌同士の触れ合いがきっかけとなり，初期的なやり取りが展開されるきっかけとなった事例を示している。盲ろう児にとっては，身体に伝わってくる刺激が重要な情報となり，やり取りへと発展していく可能性があることから，かかわる際に工夫することが大切であるといえる。中村・川住[22]は，特定のコミュニケーション手段（音声言語，手話や指文字，身振りサインなど）に至る以前の，ある盲ろう児との共同的活動に注目している。この研究の中で，触覚的共同注意は，刺激を受けることができる範囲が狭いことや，注意を向けるまでに時間を要することを指摘している。例えば，木の高いところに花が咲いていて，保護者が声をかけながら指をさしたときに，子どもは瞬時に上を見上げていっしょに見ることができる。しかし，触覚的共同注意の場合は，子どもの手の届く範囲で共同注意が生じにくい。さらに，今触っているものはどのようなものであるか確かめたり，注意を共有している相手の注意の行き来に気づいたりするためには，盲ろう児が時間をかけて情報を把握する必要がある。そのため，盲ろう児とのやり取りにおける触覚的な刺激を用いた働きかけを行うための工夫や，盲ろう児がじっくり時間をかけて探索する時間を保障することはきわめて重要である。

身振りサイン
その動作の意味を知っている者同士でのみ通じるサインのこと。例えば，お茶を飲みたいときに，コップでお茶を飲む動作をするなど。

加えて，子どもとかかわり手を含む三項関係においては，かかわり手によることばがけが大切になる。菅井・土谷[23]は，「子どもたちはお話ししようとしている」と考えることを提案している。まだ表現する手段をもたない子どもたちも，表現できる子どもと同じように伝えたい気持ちがある。また，表現する

コラム　子どもと先生と消火栓の三項関係が学びのきっかけ

　ある盲ろう児（Aさん）は，廊下を歩いているときにいつも消火栓の前で立ち止まっていた。先生はAさんが消火栓の赤いランプをじっと見つめている様子を見て，Aさんを抱きかかえ，いっしょに赤いランプを見ることにした。初めはランプに夢中だったAさんも，しだいに先生の声かけと手話に気づくようになった。Aさんはそこで「好き」「うれしい」といった感情のことばに加え，「赤い」「ピカピカ」といった関連したことばを頻繁に表出するようになった。ここでは，Aさんと先生と消火栓のランプという三項関係が成立し，ランプに注目するという共同注意がきっかけとなり，学びが広がったといえる。

意思がなくても，自分の表出に反応が返ってくることで心を開き，表現しようと思うきっかけになる可能性がある。特に，盲ろうの状態は，周囲で何が起きているのか把握しにくいため，「人の存在こそが外の世界に繋がる窓口[24]」となる。安心感のある関係を築くために，大人がていねいに盲ろう児の「お話ししたい気持ち」を読み取り，感情を共有し合うことが大切である。こうした子どもの発信を読み取り，代弁することの繰り返しで，信頼関係が構築されるのである。

　盲ろう児は，障害の程度や状況，発達段階などに応じたコミュニケーション手段を用いる。触手話や，手話，指文字，点字，音声言語，身振りサイン，さらには，実物そのものや，実物の一部を用いた手段（オブジェクト・キュー）でコミュニケーションを取る場合もある。なお，コミュニケーション手段を習得すること自体が重要な目標ではなく，本来の目的は，盲ろう児がコミュニケーションをとおして安心して生活できるようになること，そしてそれが積み重なって，「生活そのものがより豊かで拡がりのあるものになっていく」ことである[23]。共同注意などをとおしたコミュニケーションにおいても，このことを念頭において盲ろう児とかかわることが大切である。

3）情動発達において大切にしたいこと

　一般的に，子どもの情動は，ある特定の場面に限らず，日常におけるさまざまな経験をとおして発達する。盲ろう児においても同様に，視覚，聴覚，そして触覚をとおしたさまざまな経験が，彼らの社会性や情動の発達につながる。McInnes & Treffry[25] は，盲ろう児とかかわるすべての人が，応答的な環境（reactive environment）の一部となることが大切だと指摘している。盲ろう児の周囲にいる人は，盲ろう児が環境とさまざまな形でやり取りをしたり，問題を解決したり，コミュニケーションを取ろうと試みたりするような環境づくりに努めなければならない[25]。子どものために「やってあげる」のではなく，盲ろう児といっしょに活動するために努力し，十分に時間をかけることが大切である。

オブジェクト・キュー
生活の中の特定の活動を表す手がかりとして使うシンボル。活動や場所などをイメージしやすい，実物やミニチュアなどを用いる。

「給食」を表すオブジェクト・キュー

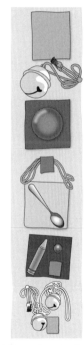

例えば，朝の会のときに一日の流れをその盲ろう児にとってわかりやすい方法で伝える。

【演習課題】
1. 盲ろうの原因疾患をリストアップしてみよう。
2. 盲ろうの代表的疾患の視覚障害と聴覚障害の発症時期を調べてみよう。
3. 盲ろう児とその両親に，視覚障害，聴覚障害の状態をどのように尋ねるかを考えてみよう。
4. 目と耳以外の随伴症状は何が多いか調べてみよう。
5. 赤ちゃんは感覚を選び取っていることを学習したが，視覚・聴覚・触覚・味覚・嗅覚それぞれについて，どのような種類や性質を好むのか調べてみよう。
6. 初めて盲ろう児を担当することになったときに，盲ろう児との信頼関係を形成するためにどのような工夫ができるか考えてみよう。
7. 盲ろう児を担当する教員になったときに，保護者から子どもについてどのよう

なことを聞きたいか。また，学校での様子についてどのようなことを伝えたいか。

8. ペアになって，盲ろう児とかかわり手でロールプレイをしてみよう。かかわり手が用意した対象物に，盲ろう児が能動的に手を伸ばせるような工夫をしてみよう。また，盲ろう児はどのような気持ちだろうか。

引用文献

1) Dammeyer, J.：Prevalence and aetiology of congenitally deafblind people in Denmark, *Int J Audiol*, **49**, 76-82, 2010.

2) Dammeyer, J.：Deafblindness: a review of the literature, *Scand J Public Health*, **42**, 554-62, 2014.

3) The 2018 National Child Count of Children and Youth Who Are Deaf-Blind Report：Etiologies, National Center on Deaf-Blindness, 2020.
https://www.nationaldb.org/products/national-child-count/report-2018/etiologies/（最終閲覧：2020 年 3 月 21 日）

4) Dammeyer, J.：Mental and behavioral disorders among people with congenital deafblindness, *Res Dev Disabil*, **32**, 571-5, 2011.

5) Matsunaga, T.：Clinical genetics, practice, and research of deafblindness: From uncollected experiences to the national registry in Japan, *Auris Nasus Larynx*, **48**（2）, 185-193, 2021.

6) Bergman, J. E., Janssen, N., Hoefsloot, L. H., Jongmans, M. C., Hofstra, R. M., van Ravenswaaij-Arts, C. M.：CHD7 mutations and CHARGE syndrome: the clinical implications of an expanding phenotype, *J Med Genet*, **48**（5）, 334-42, 2011.

7) Kimberling, W., Moller. C.：Genetic hearing loss associated with eye disorders：Hereditary hearing loss and its syndromes, 3rd ed（Toriello HV, Smith SD, editors）, New York: Oxford University Press, pp.267-74, 2013.

8) Akhtar, F., Bokhari, S.R.A.：Down Syndrome（Trisomy 21）：StatPearls [Internet], StatPearls Publishing, Last updated December 12, 2021.
https://www.ncbi.nlm.nih.gov/books/NBK526016/（最終閲覧：2022 年 9 月 26 日）

9) Dahle, A. J., McCollister, F. P.：Hearing and otologic disorders in children with Down syndrome, *Am J Ment Defic*, **90**, 636-642, 1986.

10) Robin, N. H., Moran, R. T., Ala-Kokko, L.：Stickler Syndrome：GeneReviews [Internet]（Adam, M. P., Ardinger, H. H., Pagon, R. A., Wallace, S. E., Bean, J. H. L., Stephens, K., *et al.*, editors）, University of Washington, Seattle; [Last revision: May 6, 2021].
https://www.ncbi.nlm.nih.gov/books/NBK1302/（最終閲覧：2022 年 9 月 26 日）

11) 子安増生編著：よくわかる認知発達とその支援．ミネルヴァ書房, 2005.

12) 内田伸子編著：よくわかる乳幼児心理学．ミネルヴァ書房, 2008.

13) 渡辺弥生監修：完全カラー図解　よくわかる発達心理学．ナツメ社, 2021.

14) Fraiberg, S.：Insights from the Blind, Basic Books, 1977.

15) Ross, S., Tobin, M.J.：Object Permanence, Reaching, and Locomotion in Infants who are Blind, *Journal of Visual Impairment & Blindness*, **91**, 25-32,1997.

16) Miles, B.：Talking the language of the hands to the hands, The importance of hands for the person who is deafblind, DB-LINK, 2-13, 1997.

17) 菅原ますみ：父親の育児行動と夫婦関係，そして子どもの精神的健康との関連－生後 11 年間の追跡調査から－，教育と情報（文部省大臣官房調査統計企画課編集），**483**, 7-12, 1998.

18) Andrew, A. K.：Meeting the needs of young deaf‐blind children and their parent. Child: Care, *Health and Development*, **15**, 195-206, 1989.

19) Reda, N. M., & Hartshorne, T. S.：Attachment, bonding, and parental stress in CHARGE syndrome, *Mental Health Aspects of Developmental Disabilities*, **11**, 10, 2008.

20) 大藪泰：共同注意という子育て環境，早稲田大学総合人文科学研究センター研究誌 = WASEDA RILAS JOURNAL, **7**, 85-103, 2019.

21) 土谷良巳・菅井裕行：盲ろう二重障害における初期的なひととの係わり合い－相互的「やりとり」としての対話に至る経緯について－，国立特殊教育総合研究紀要, **25**, 83-98, 1998.

22) 中村保和・川住隆一：盲ろう児のかかわり手との共同的活動の展開過程－触覚的共同注意の操作的定義を用いて－，特殊教育学研究, **45**, 179-193, 2007.

23) 菅井裕行・土谷良巳（国立特殊教育総合研究所重複障害教育研究部）：目と耳の両方が不自由な子どもと係わりあうために：コミュニケーション，遊び，生活をめぐって：父母と教師のみなさんへ，国立特殊教育総合研究所, 1998.

24) 国立特別支援教育総合研究所：視覚と聴覚の両方に障害のある盲ろうの子どもたちの育ちと学びのために－教職員，保護者，関係するみなさまへ－, 2021.
https://www.nise.go.jp/nc/news/2021/0312（最終閲覧：2023 年 2 月 14 日）

25) McInnes, J. M., Treffry, J. A.：Deaf-blind infants and children: A developmental guide. University of Toronto Press, 33-55, 1993.

参考文献

・切替一郎原著，野村恭也監修，加我君孝編集：新耳鼻咽喉科学　改訂 12 版，南山堂，2022.

・大森孝一・野中学・小島博己編集：標準耳鼻咽喉科・頭頸部外科学　第 4 版，医学書院，2022.

・中澤満・村上晶・園田康平編集：標準眼科学　第 14 版，医学書院，2018.

・東範行編集：小児眼科学，三輪書店，2015.

・五十嵐隆編集：小児科学　改訂第 10 版，文光堂，2011.

・内山聖監修，原寿郎・高橋孝雄・細井創編集：標準小児科学　第 8 版，医学書院，2013.

・「小児内科」「小児外科」編集委員会編集：小児内科第 53 巻増刊号　小児疾患診療のための病態生理 2　改訂第 6 版，東京医学社，2022.

・「小児内科」「小児外科」編集委員会編集：小児内科 Vol.48　2016 年増刊号　小児疾患診療のための病態生理 3　改訂第 5 版，東京医学社，2016.

・バーバラ マイルズ・マリアンヌ リジオ編著，岡本明・山下志保・亀井笑翻訳：盲ろう児コミュニケーション教育・支援ガイド－豊かな「会話」の力を育むために－，明石書店，2021.

・Fantz, R. L.：The origin of form perception. *Scientific American*, **204**(5), 66-73, 1961.

❷　重度重複障害

1　重度重複障害の生理・病理学的特徴

（1）呼吸の生理と病理

　近年，医療の進歩によって重度呼吸障害児も在宅生活が可能となり，口鼻腔吸引，酸素療法，気管切開，人工呼吸器などの医療的ケアを必要とする児が特別支援学校に限らず，小・中・高等学校や通園施設にも通っている。そのため，教師等の支援者は，呼吸の仕組み，呼吸障害の知識と対処法を知っておくことが必須となる。

1）子どもの呼吸の仕組み

　①　**呼吸器系の発達**　胎生 6 ～ 16 週ころまでに気管，気管支が完成し，胎生 24 ～ 40 週までに，ガス交換が行われる肺胞が発達する。第一声（産声）とともに，胎盤循環が止まり，出生時の皮膚刺激や光刺激，外界との温度差などが呼吸中枢を刺激して肺による第一呼吸が始まる。胸郭の弾性により肺がふくらみ，肺胞に空気が入り込まれる[1]。

　②　**呼吸器系の構造**　呼吸器の構造として，気道は胸郭を境に上気道（口～喉頭）と下気道（気管～肺胞）に分けられる。空気は，鼻孔から鼻腔もしくは口から咽頭，そして喉頭を通り，気管，気管支を経て肺の末梢の肺胞まで到達する（図2-8）。肺胞では空気中の酸素を取り込み，二酸化炭素を排出するガス交換が行われ，酸素が各臓器・四肢末梢に運ばれる。呼吸時の胸郭の動きとして，吸気時には横隔膜と肋間筋が収縮し，収縮によって横隔膜の下降と肋骨の挙上によって胸郭が拡がり，空気が肺に取り込まれる。また，呼気時には横隔膜と肋間筋の弛緩によって胸郭が自然に元に戻る力を利用して空気が体外へ排出される。一方，腹横筋や腹斜筋群の収縮による強制的な呼気は**残気量**を減らし，強制呼気後に胸郭が自然に元に戻る力を利用して拡がり，空気が肺内に取り込まれる。

残気量
呼気時に肺胞内に残る空気の量。全排気量＝肺活量＋残気量。

　③　**新生児の呼吸の特徴**　新生児の呼吸の特徴として，咽頭・喉頭の機能が未分化で，呼吸調節機能が未熟なために上気道閉塞が起こりやすい。また，上気道閉塞が起こると呼吸運動の増加に耐えることが難しい。さらに，無呼吸に陥りやすいことも特徴のひとつである。つまり，新生児は容易に呼吸不全に陥りやすい。

2）重複障害児（PIMD児）の呼吸障害の特徴

　PIMD（child with profound intellectual multiple disabilities）児の死因の第 1

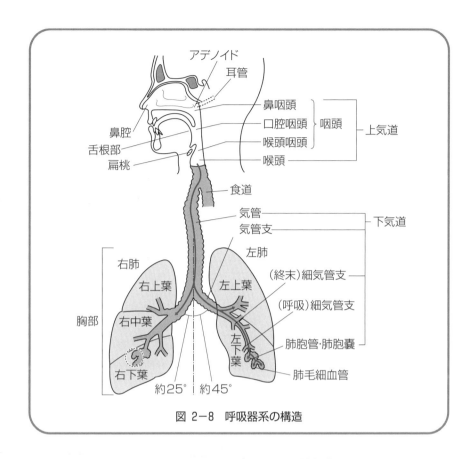

図 2-8　呼吸器系の構造

位は，呼吸器感染症や呼吸不全である[2]。また，重度の呼吸障害は QOL にも大きく影響を及ぼす。そのため，呼吸の安定と呼吸障害の重症化の予防が大きな課題となる。

　呼吸障害の種類や部位を特定するためには，触診，聴診，呼吸数，心拍数，**血中酸素飽和度（SpO2）**，血液ガス分析，胸部画像診断（レントゲン，CT）などから総合的に判断する必要がある。学校教育現場で呼吸症状を把握する項目として，呼吸数，心拍数，SpO2，血圧などがあり，日ごろ（日中の安静時，睡眠時，運動時など）の数値を把握しておくことが重要となる。一般的に，健常者の SpO2 は 95％以上に保たれている。しかし，重症の呼吸障害児は SpO2 が90％を下回ることも多いが，呼吸症状がないこともある。逆に明らかな呼吸症状があっても SpO2 が正常範囲内のこともある。したがって，一般的に処置が必要と考えられている SpO2 90％を境界指標としながらも，各児の日ごろの様子も十分に観察し，その違いに気づけるようになることが重要である。

　また，PIMD 児の呼吸障害は，てんかん発作，筋緊張異常，摂食・嚥下障害，**側弯症**による脊柱・胸郭変形，感染症，日常生活活動，心理的ストレスなどさまざまな症状とも関連しており，その対応を複雑化させている（図2-9）。PIMD 児の呼吸障害には，閉塞性換気障害，拘束性換気障害，中枢性低換気，

血中酸素飽和度（SpO2）
血液中の酸素と結合したヘモグロビンの濃度（HbO2）と酸素と結合していないヘモグロビンの濃度（Hb）の割合。
$(SpO_2) = 100 \times (HbO_2)/(Hb + HbO_2)$

側弯症
何らかの原因で，脊柱が前後左右に弯曲し，ねじれを伴う疾病。側弯が重度な場合は，肺など臓器を圧迫することもある。

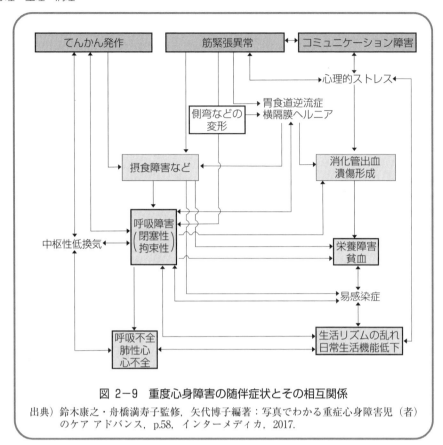

図 2-9　重度心身障害の随伴症状とその相互関係

出典）鈴木康之・舟橋満寿子監修，矢代博子編著：写真でわかる重症心身障害児（者）のケア アドバンス，p.58，インターメディカ，2017.

誤嚥などがあげられる。

　　① **閉塞性換気障害**　　閉塞性換気障害は，気道狭窄が原因となり，舌根沈下，喉頭軟化症や気管軟化症などがある。舌根沈下による咽頭部狭窄は睡眠時に症状が強く，喉頭部以下の狭窄は覚醒時に強いことが特徴である。また，咽頭〜喉頭部までの狭窄は吸気時に，気管の狭窄は呼気時に症状が強くなることも特徴である。

　　② **拘束性換気障害**　　拘束性換気障害は，筋緊張亢進，側弯症などによる胸郭変形・異常に伴い胸郭の拡大（つまり肺実質の拡大）が起こらず，空気が肺に取り込まれない。また，先天性筋ジストロフィー症など呼吸筋群の筋力低下によって肺実質の拡大が起こらず換気障害が生じる。

　　③ **中枢性低換気**　　中枢性低換気は，先天性呼吸中枢障害によって特に睡眠時に**無呼吸**や**低換気**を引き起こす。重症の場合は覚醒時にも低換気をきたし，人工呼吸療法が必要となる。

　　④ **誤　嚥**　　誤嚥は，摂食による食物残渣によるものだけではなく，口腔内に貯留した分泌物によっても生じる（図2-10）。分泌物貯留には，嚥下困難な唾液，鼻汁，**咳嗽**による痰，胃食道逆流症による胃液などがある。これらが

無呼吸
無呼吸発作は20秒以上続く呼吸停止，あるいは20秒未満でも徐脈やチアノーゼを伴う呼吸停止をいう。睡眠時の無呼吸は，10秒以上呼吸が止まる状態。

低換気
さまざまな原因によって肺胞および血液中の酸素不足と二酸化炭素の蓄積が起きた状態。

咳　嗽
咳。肺や気道から空気を強制的に排出させるための生体防御運動であり，通常繰り返して起こる気管・喉頭・呼吸筋の反射的な収縮運動をいう。

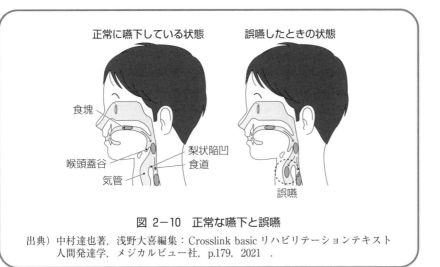

図 2-10 正常な嚥下と誤嚥

出典）中村達也著，浅野大喜編集：Crosslink basic リハビリテーションテキスト
人間発達学，メジカルビュー社，p.179，2021 ．

咽頭部に貯留することで閉塞性換気障害による窒息を引き起こすこともある。
貯留した分泌物は誤嚥されやすく，気管支炎や肺炎，無気肺による呼吸不全を
起こすこともある。食事中にひどくむせたり，食後などに発作性に喘鳴を伴う
呼吸困難を生じるときには誤嚥している可能性がある。ただし，PIMD 児の場
合は咳嗽が消失していることもあり，誤嚥があってもむせこみや咳嗽がみられ
ず，気道感染症による発熱を認める場合もあるため注意が必要である。

3）PIMD 児の呼吸と姿勢

① 呼吸に影響する姿勢の特徴[3]

a．仰臥位（背臥位）：仰臥位は，下顎が後退し，舌根沈下，喉頭部狭窄が
生じやすい姿勢である。また，仰臥位は肩甲帯が後方に引かれ頸部・体幹伸筋
群の筋緊張が亢進するため胸郭の動きが制限され呼吸困難・窒息を引き起こし
やすい。さらに，上部胸郭の可動制限によって胸郭の扁平化を引き起こしやす
い。これらの問題によって呼気が不十分となり呼吸障害が生じやすい。

b．腹臥位：腹臥位では，寝具などによって気道が塞がれ窒息する危険性が
高い。しかし，仰臥位のような下顎の後退や舌根沈下はなく，ポジショニング
によって頸部・体幹伸筋群の筋緊張も亢進しにくい。さらに，前後方向に動く
上部胸郭は重力によって排気され，左右方向に動く下部胸郭が拡がりやすいた
め，背臥位と比較して呼気がしやすい。

c．側臥位：側臥位も腹臥位と同様に舌根沈下の予防，ポジショニングに
よって頸部・体幹筋群の脱力が可能である。側臥位では，下部胸郭（左右方向）
の動きは制限されるものの上部胸郭（前後方向）の動きを引き出すことができ
る。

d．座位：座位では，呼気時の横隔膜の動きを引き起こしやすい。ただし，
重度の嚥下障害を有する場合，唾液を誤嚥し呼吸困難に陥りやすい。半腹臥位

無気肺
気管支などで気道が閉
塞し，肺の一部あるい
は全体に空気がなく，
肺がつぶれた状態をい
う。

胸郭の扁平化
胸郭の横径に比べて縦
径が小さく，胸板が薄
い状態。

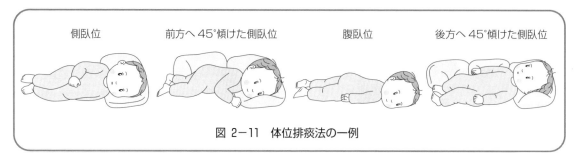

側臥位　　　前方へ45°傾けた側臥位　　　腹臥位　　　後方へ45°傾けた側臥位

図２-11　体位排痰法の一例

（前傾座位）では，腹臥位と同様の利点もある。一方，リクライニング座位では仰臥位と同様に下顎の後退・舌根沈下，喉頭部狭窄を生じ，呼吸困難・窒息を引き起こしやすい。

②　**体位排痰法**　　触診・聴診をして痰が貯留している部位を確認し，全身の筋緊張や変形に留意して15分を目安に体位排痰法（図2-11）を行う。体位排痰法を行う場合は**バイタルサイン**を確認しながら，胸郭への圧迫・振動を合わせて行うこともよい。

（2）消化・吸収・排泄の生理と病理

　PIMD児の健康を維持し発育・発達を促すためには，栄養管理や排泄管理が重要となる。しかし，PIMD児の経口摂取，**経管栄養**や**胃ろう・腸ろう**による栄養管理（図2-12），排尿・排便管理は難しい。そのため，教師等の支援者は，消化・吸収・排泄の仕組み，これらの障害の知識と対処法を知っておくことが必須となる。

　1）子どもの消化器系（消化・吸収）と排泄の仕組み

　①　消化器系と排泄の構造

　a．咀嚼・嚥下の仕組み：咀嚼・嚥下は，先行期（認知期），準備期①（捕食），準備期②（咀嚼），口腔期，咽頭期，食道期の五つの段階からなる。先行期は食べ物の色や形，においを認識し，食べる意欲を引き出す。準備期①（捕食）では，食べ物を前歯で噛み切るなどして口唇を閉じて口腔内に取り込む。準備期②（咀嚼）では，舌で食べ物を押しつぶす，舌を使って食べ物を移動して臼歯ですりつぶす，そして唾液と混ぜて食塊を形成して嚥下しやすくする。口腔期では，唾液によってまとめられた食塊を舌で咽頭へ意図的に送り込む。咽頭期では，食塊が咽頭に到達すると不随意な嚥下反射が引き起こされる。そして，食道期では，喉頭蓋が気管の入り口を閉じることによって呼吸を止め，食道の入り口が開いて食塊が食道に送り込まれる。嚥下反射によって食塊が食道に送り込まれるまでの過程は，すべて協調した不随意な運動である。

　b．消化・吸収の仕組み：咀嚼・嚥下された食べ物が食道を通過し，胃では強酸性の胃液によって食べ物が分解される。その後，液状に分解された食べ物

体位排痰法
姿勢を工夫して，痰を口腔内付近まで排出する方法。

バイタルサイン
主に呼吸（呼吸数，呼吸音，SpO_2など），体温，血圧，脈拍をさす。

経管栄養
第１章第１節 p.10参照。

胃ろう
経口摂取不可，誤嚥などによる感染症を繰り返す場合，経皮内視鏡的胃ろう造設術によって胃に小さな穴を開けてカテーテル（管）を取りつけ，直接胃に栄養を注入する経管栄養法。

腸ろう
腹壁と腸との間にろう孔と呼ばれる小さな穴をあけてチューブを通し，小腸へと直接栄養を送る経管栄養法。

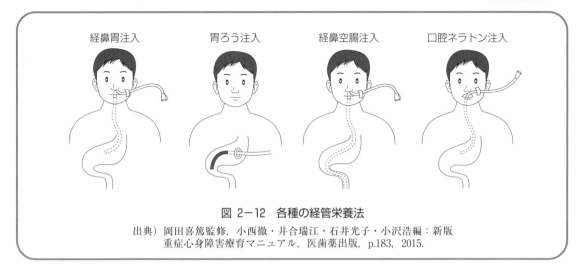

経鼻胃注入　　　　胃ろう注入　　　　経鼻空腸注入　　　口腔ネラトン注入

図 2-12　各種の経管栄養法
出典）岡田喜篤監修，小西徹・井合瑞江・石井光子・小沢浩編：新版
重症心身障害療育マニュアル，医歯薬出版，p.183，2015.

は十二指腸に移される。食べ物は十二指腸で胆のうから分泌される消化液（胆汁）によって分解される。さらに，膵臓から分泌される消化酵素（膵液）が分泌される。胆汁は脂肪を乳化し，消化・吸収の働きを助ける。膵液は糖質・たんぱく質・脂質をブドウ糖やアミノ酸などの栄養素に分解する。これらの栄養素は小腸を通過する間に吸収される。

　ｃ．排泄の仕組み：腎臓から膀胱に運ばれて貯蔵する機能（蓄尿）と，膀胱から尿道に運ばれて排出する機能（排尿）がある。蓄尿は，膀胱の筋（平滑筋）が弛緩して溜まり，同時に尿道括約筋が収縮して尿道から尿漏れが起こらないように作用している。排尿は，膀胱内圧の上昇（一般的に，成人では 0.3 ～ 0.4L の蓄尿）によって尿意が起こると副交感神経が興奮し，膀胱の排尿筋を収縮させ，同時に内尿道括約筋および外尿道括約筋を弛緩させて尿を体外に排出する。

　排便の仕組みについては，まず食物が胃に運ばれると胃・大腸反射が生じる。胃や小腸で消化された食物は液状便となって大腸に運ばれ，大腸でゆっくりと水分が吸収され，固形便となって直腸から肛門に送られる。便が直腸に達すると便意が生じる。

　②　消化器系と排泄の発達 [4]・[5]　　新生児は，各感覚器を通じて触れるものを口に入れて確かめ，食べることを学習する。新生児の口腔の空間は狭く，感覚 - 運動器として哺乳に都合よくできている。新生児の摂食行動は哺乳運動から始まるが，哺乳するときは口腔内を陰圧にして，乳首を搾るように口全体が蠕動運動する（図2-13）。かなり強い力でほぼ 1 秒に 1 回の割合で規則正しく吸い，何分間も吸い続けることができる。生後早期から成熟する腸内細菌叢によって母乳やミルクに含まれる乳糖は腸内の乳糖分解酵素の働きによって分解・吸収される。ただし，乳児は成人と比較して胃が垂直・円筒状で，食道と

平滑筋
内臓器官（心臓は除く）や血管などの壁をなす筋である。不随意筋で，収縮の速度は遅い。随意的に収縮が可能な骨格筋とは異なる機能をもつ。

胃・大腸反射
食物が胃に運ばれると，自律神経系を介して腸の蠕動運動が反射的に生じる。

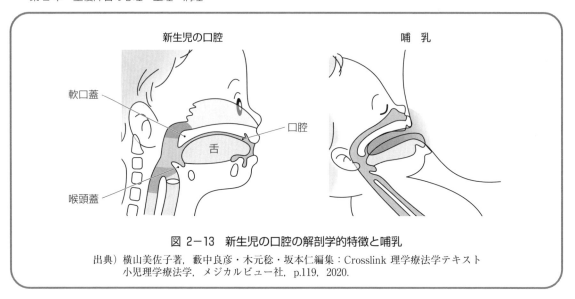

新生児の口腔　　　　　　　　　　　　　　哺　乳

軟口蓋

口腔

舌

喉頭蓋

図 2-13　新生児の口腔の解剖学的特徴と哺乳

出典）横山美佐子著，藪中良彦・木元稔・坂本仁編集：Crosslink 理学療法学テキスト
小児理学療法学，メジカルビュー社，p.119，2020.

吐　乳
授乳後に母乳を勢いよく吐く現象をいう。先天性の幽門狭窄，胃腸炎などによる消化不良症や神経系の病気などが考えられる。

溢　乳
授乳後に口から少量の母乳やミルクがだらだらと口から出てくる現象をいう。母乳やミルクがゲップとともに口にあふれだすのは生理的現象と考えられている。

抗利尿ホルモン
血液中の抗利尿ホルモンが減少すると尿量が増加し，逆に抗利尿ホルモンが増加すると尿量が減少する作用がる。

胃の境界部（噴門部）の筋が十分に成熟していないため吐乳や溢乳が多い。胃の形状変化や筋の発達に伴い嘔吐しにくくなる。生後 6 か月ころに咀嚼運動が可能になり，1 ～ 2 歳ころには乳歯の数も増え，固形の離乳食を食べられるようになる。

　新生児期の排尿は，15 ～ 20 回 / 日ほどある。1 回の排尿量は約 5 ～ 20mL で，蓄尿機能はほとんどない。生後 4 か月ころになると睡眠時よりも覚醒時の排尿回数が増え，1 回の排尿量も増える。生後 7 か月ころには排尿回数が約 15 回 / 日程度，膀胱容量が約 50 ～ 80mL になり，蓄尿感覚が中枢神経系に伝達されるようになる。この蓄尿による排尿感覚の違和感によって泣きが生じるともいわれる。12 か月ころには排尿回数が約 10 回 / 日程度，1 回の排尿量は約 180mL となる。2 ～ 3 歳ころになると，排尿回数が約 5 ～ 6 回 / 日程度，膀胱容量も約 100 ～ 130mL となる。このころには排尿感覚の自覚が出現し始め，また排尿を抑制する中枢神経系メカニズムも発達するため，排尿を我慢できるようになる。3 ～ 4 歳ころになると膀胱容量はさらに大きくなり約 160 ～ 200mL になる。また，腎臓でつくられる尿量も急激に増え，膀胱に尿が溜まっている感覚を確実に自覚でき，自らの意思で排尿できるようになる。このころおむつが外れ，トイレトレーニングが始まる時期と重なる。しかし，夜間に分泌される抗利尿ホルモンは少ないため，まだ夜間の排尿コントロールは難しい。5 ～ 6 歳ころになると，夜間の睡眠リズムが定着し，10 歳ごろになると成人と同様の睡眠覚醒リズムが確立するため，夜間に十分な抗利尿ホルモンが分泌されるようになると夜間の排尿コントロールが可能となる。

　一方，新生児期の排便は，授乳期は消化にかかる時間が少なく，直腸で便を溜める機能も弱いため 2 ～ 10 回 / 日程度の排便（水様便）がある。生後 12 か

月ころまでに離乳食を摂食するようになると，消化にかかる時間も長くなり，便も泥状・軟便となる。12か月を過ぎると，排便回数は約1〜3回/日程度になり，便の形状もでき，硬くなる。乳児期において，排便回数には個人差があるものの，数日間排便がないなどの便秘時には何らかの対応が必要となる。2歳ころには腹部の状態の変化に気づき，腹圧をかけるという対処法，つまり，排便感覚が生じ"いきむ動作"を学習する。3〜4歳ころには，排便を抑制する中枢神経系のメカニズムが発達し，排便を我慢できるようになる。4〜5歳ころには生活習慣が身につき，排便時刻がほぼ決まる。そして，6歳ころには後始末も可能となる。一般的に，排便の自立は排尿の自立よりも遅れる傾向にある。

2）PIMD 児の消化器系と排泄の特徴

① PIMD 児の消化器系の特徴

a．胃食道逆流症[6), 7)]：PIMD 児は，筋緊張の亢進，側弯症，腹圧の上昇，慢性呼吸障害，**食道裂孔ヘルニア**などによって，胃から食道への生理的な逆流防止が機能せず，嘔吐や吐血などを生じる。食道に逆流した酸性の胃液によって食道炎，逆流物を誤嚥することによって肺炎などを起こす。胃食道逆流症には，胃酸の分泌を抑え腸管運動を調整するために薬物療法を行う。また，筋緊張や腹圧を上昇させないような肢位の工夫が重要となる。

仰臥位は食後の胃壁の伸長によって下部食道括約筋弛緩が胃食道逆流症を起こしやすい。一方，腹臥位や座位は腹部圧迫をしなければ，胃食道逆流を避けられる場合がある。側臥位は側弯症や十二指腸の通過障害などによって左右どちらが胃食道逆流症を生じにくいかの判断は異なる。そのため，消化管造影などの結果を参考に検討する必要がある。

b．誤　嚥[8)]：仰臥位は口腔や気道の唾液や痰が貯留し，PIMD 児が誤嚥をしやすい姿勢である。さらに誤嚥物は肺下葉に貯留しやすい。一方，腹臥位や側臥位は唾液や痰は貯留しにくく，また腹臥位は誤嚥物も肺下葉に貯留しにくい姿勢である。

PIMD の障害の種類とその主な症状を表2-3に，PIMD の主な合併症を表2-4に示す。

> **食道裂孔ヘルニア**
> 横隔膜に空いた穴（食道裂孔）を食道が通り胃につながっている。食道裂孔ヘルニアとは，胃が裂孔から胸腔に移動した状態をいう。

表 2-3　PIMD の障害の種類とその主な症状

運動障害	運動まひ，感覚まひ，筋緊張異常，変形・拘縮，側弯症，関節脱臼，骨折の既往　など
コミュニケーション障害	言語能力，意思表出能力，構音障害，聴覚障害，視覚障害　など
呼吸障害	閉塞性換気障害，拘束性換気障害，睡眠時無呼吸　など
摂食障害	口腔周囲の過敏性，咀嚼・嚥下障害，誤嚥，胃食道逆流症　など
排泄障害	神経因性膀胱，膀胱尿管逆流症，尿路結石，尿路感染症，膀胱直腸障害　など
自律神経障害	体温の大幅な日内変動，睡眠覚醒リズム障害　など

表 2-4　PIMD の主な合併症

精神疾患	常同行為，自傷行為　など
神経疾患	てんかん，水頭症，脳腫瘍
全身性疾患	脱水症，インフルエンザ　など
整形疾患	骨折，関節拘縮，側弯　など
呼吸器疾患	肺炎，気管支炎，呼吸不全　など
消化器疾患	イレウス，胃潰瘍，胃食道逆流症　など
循環器疾患	不整脈，高血圧　など
泌尿器疾患	尿管結石，腎炎　など
婦人科疾患	卵巣嚢腫，子宮筋腫　など

2　重度重複障害の心理学的特徴－姿勢運動，認知，コミュニケーションの特徴を踏まえたアプローチの視点から－

　本項では，「肢体不自由と知的障害を併せ有する」および「いずれの障害も重度と判断される」といった実態を示す重度重複障害児者の姿勢・運動，認知，コミュニケーションの特徴を取り上げるとともにそれらに対するアプローチについて論じることとしたい。

（1）姿勢・運動面の特徴

　重度重複障害児者の姿勢・運動発達の実態は，「意図的に身体を動かすことができる者」と「不随意運動やまひを有し，意図的に身体を動かすことが困難な者」に大別することができる[9]。例えば，図2-14は，脳性まひの粗大運動機能を評価するために開発された GMFCS であるが，レベルⅣとレベルⅤでは，運動の随意性という点で大きな隔たりがあることがわかる。人間の初期発達において，原始反射からの解放と随意運動の獲得といった姿勢・運動発達は，外界への興味・関心の増大や快反応の表出といった認知・情動の発達と連結しながら，他者との豊かなコミュニケーションへとつながっていくことに寄与している。重度重複障害児者の心理学的特徴を理解するうえで，まずは，本人が随意的に動かせる身体部位や姿勢を保持する力，移動運動の有無といった面も含めた実態把握が必要となる。なお，動きのバリエーションが少ないと判断されるケースでも，きわめて微細な動きを複数表出していることも少なくない。そのような場合は，タブレット端末やアプリケーションを用いて映像記録をとおした検証を行うことを推奨する。また，近年では，肢体不自由の程度が重度である子どもたちに対して，発達早期から電動移動支援機器を提供した発達支援も開始されている。このようにアシスティブ・テクノロジーによる運動面へのアプローチは今後さらに進展していくことが期待されており，発達全般に及ぼす効果について検証が進められつつある。

GMFCS
gross motor function classification system
マクマスター大学（カナダ）に設置されている CanChild センターで開発された脳性まひ児の粗大運動分類システム。年齢段階に応じて五つの運動レベルで評価することができる。

タブレット端末やアプリケーション
タブレット端末の飛躍的な普及に伴い，撮影や録画が簡易的に実施しやすい状況となっているが，例えば，iOAK（モーションヒストリーなどの記録が可能な iOS アプリ）などのアプリケーションの活用が有効な場合がある。

電動移動支援機器
BabyLoco（https://www.imasengiken.co.jp/product/idokiki/babyloco.html）などが該当する。

レベルⅠ：制限なしに歩く

レベルⅡ：歩行補助なしに歩く

レベルⅢ：歩行補助を使って歩く

レベルⅣ：自力移動が制限

レベルⅤ：電動車椅子などを使用しても自動移動が非常に制限されている

図 2-14　GMFCS による粗大運動機能の分類

出典）Palisano, R., Rosenbaum, P., Bartlett, D., Livingston, M.：GMFCS-E&R CanChild Centre for Childhood Disability Research, McMaster University.（https://canchild.ca）

（2）認知面の特徴

　ピアジェやヴィゴツキーなどによる認知発達論は一般的によく知られているが，重度重複障害を理解するにあたって，以下の「感覚と運動の高次化理論」を踏まえて，重度重複障害児者の認知発達について考えていきたい。

　宇佐川[10]は，数百名に渡る障害児の縦断的発達経過の分析から，子どもたちの発達をⅣ層Ⅷ水準のステージ構造に整理した（図2-15）。その全容については成書を参照いただくとして，ここでは概要のみ取り上げる。Ⅰ層の初期感覚の世界では，【感覚を介して外界へ向かうこと・外界への気づきの高まり】が，Ⅱ層の知覚の世界では，【物事のつながりの理解・物を介した人とのやり取り】が中心的なテーマとなる。そして，Ⅲ層以降では，【ことばを含めた概念的な知識の拡大】へと移行する。定型発達では，ここで示された四つの層について，第Ⅱ層までを瞬く間に通過し概念の世界に飛び込んでいく。この背景には，初期発達における感覚と運動，そして外界に働きかける力の循環発達構造の存在が大きい（図2-16の中央の矢印を参照）。従来，重複障害のある子どもたちの認知発達が初期段階に留まりやすいことを評して，"目的がないから，動く必然性が生まれにくい"や"動けないから，目的が育ちにくい"といった指摘も

アシスティブ・テクノロジー
assistive technology：AT
わが国では「障害のある人のための支援技術」「技術的支援方策」などと訳されている。障害のために実現できなかったことをできるように支援するための，「技術」だけでなくサービスも含む広い概念として用いられる。
「教育の情報化に関する手引－追補版－」（文部科学省，2020）の第1章第4節「特別支援教育における教育の情報化」に詳細な説明がある。
https://www.mext.go.jp/a_menu/shotou/zyouhou/detail/mext_00117.html

発達の層		発達の水準	
発達の基盤	第Ⅰ層 （初期感覚の世界）	Ⅰ 水準	感覚入力水準
		Ⅱ 水準	感覚運動水準
		Ⅲ 水準	知覚運動水準
	第Ⅱ層 （知覚の世界）	Ⅳ 水準	パターン知覚水準
		Ⅴ 水準	対応知覚水準
発達の拡がり	第Ⅲ層 （象徴化の世界）	Ⅵ 水準	象徴化水準
	第Ⅳ層 （概念化の世界）	Ⅶ 水準	概念化 1 水準
		Ⅷ 水準	概念化 2 水準

図 2−15　感覚と運動の高次化理論におけるステージ構造

出典）宇佐川浩：障害児の発達臨床Ⅰ 感覚と運動の高次化からみた子ども理解，学苑社，pp.188-189，2007. をもとに筆者作成

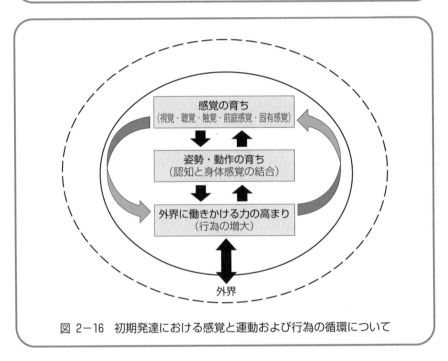

図 2−16　初期発達における感覚と運動および行為の循環について

なされてきた。しかし，なぜそのような状態に陥るのかについて考えてみると，感覚と運動の結びつきにくさが一因となっていることに気づく。加えて，そのことが，外界とのやり取りを志向する「興味・関心の育ち」を阻んでることも理解ができるだろう。

　また，重度重複障害の場合，発達過程において，姿勢・運動が制限されることや感覚入力の制限などにより，循環が生じにくい点が特徴といえる。つまり，第Ⅱ層に到達するまでに長い時間と経験を要するということになる。特に，身体上の制約が大きい場合は，活用可能な感覚に働きかけて，外界への気づきや

興味を育てる視点が必要となってくる（図2-16の外側の矢印を参照）。

　このように，重度重複障害児者の認知発達を整理していくと，外界からの刺激受容と運動表出がつながらないことが特徴として理解できる。とはいえ，一人ひとりの実態は異なるため，アセスメントが必須となることはいうまでもない。この際，既存の標準化された発達検査の適用が難しいこともあり，筆者は，広島県立福山特別支援学校が作成している「**重度・重複障害児のアセスメントチェックリスト**」の活用を勧めている。一度，ご覧いただきたい。

　認知発達の実態を的確に把握し，対人的かかわりと対物的かかわりをとおした発達的基盤の形成を図る支援が求められる。

（3）コミュニケーションにおける特徴について

　武長・巌淵・中邑[11] は，重度重複障害のある子どもたちが示すコミュニケーションの困難さを以下に示す三つのタイプに分類している。

　① 大人が働きかけても反応がないようにみえる（Aタイプ）

　② 自発的反応があるが意味がわからない（Bタイプ）

　③ 大人が働きかけると反応があるが意味がわからない（Cタイプ）

　このようなタイプ分類は，初期のかかわりにおいて，対象者の実態を大まかにとらえるうえでは有効だろう。ベイツにより体系化された**コミュニケーション能力の4段階**はよく知られているが，それに照らしてみると，三つのタイプとも聞き手効果段階にあると判断され，大人側がどのように解釈してよいかわからないことで，コミュニケーションが円滑に進んでいない状況が想定される。

　一方で，前述した認知面の特徴と重ねながら，改めて三つのタイプを眺めてみると，子どもの認知発達の実情に合致していない大人のかかわりパターンとして読み取ることもできる。これまで述べてきた内容の繰り返しになるが，重度重複障害児者に対するアプローチとして，かかわり手は，相手の「どの感覚に，いかなる種類の刺激を，どの程度伝達するのか」を考えることが肝となる。そして，相手の反応レパートリーを考慮に入れたうえで，コミュニケーション行動を引き出すことが求められる。

　このような取り組みを行ううえで，効果的なアセスメントにつながるものとして，図2-17に示した富田分類[12] が参考となるだろう。

　富田分類を活用する利点として，高度な専門的知識を必須とせず，かつ多職種間での連携ツールとして活用が可能である点をあげることができる。このことは，コミュニケーションの評価がかかわり手の主観に委ねられやすいという欠点を補ううえでもきわめて効果的といえる。さらに，アセスメントした結果を踏まえて，コミュニケーション手段や支援機器の活用といった具体的な支援方法や支援計画の立案にも活用できる。

重度・重複障害児のアセスメントチェックリスト
広島県立福山特別支援学校のホームページ上で公開されており，PDFファイルでダウンロードすることが可能。

コミュニケーション能力の4段階
聞き手効果段階（生後〜10か月ころ），意図的伝達段階（10か月〜1歳ころ），命題伝達段階（1歳〜1歳6か月ころ），文と会話段階（1歳6か月〜2歳ころ）の4段階。

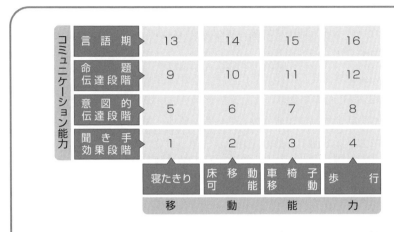

図 2−17　移動能力とコミュニケーション能力に基づくアセスメント（富田分類）
出典）富田朝太郎：富田分類から学ぶ　障害の重い子どもへのコミュニケーション支援
いつでも・どこでも・誰でも・すぐにできる，学苑社，p.69，2022.

3　重度重複障害と医療的ケア

（1）学校における医療的ケアの現状

　文部科学省は，学校における**医療的ケア**に関する実態調査を行い，2022 年7 月に「令和 3 年度学校における医療的ケアに関する実態調査結果（概要）」（文部科学省初等中等教育局特別支援教育課）を公表している。以下，本調査結果を概観する。

1）学校における医療的ケアに関する実態

　本調査は，国公私立の幼稚園（幼稚園型認定こども園含む），小学校，中学校，義務教育学校，高等学校，中等教育学校，特別支援学校を対象とし，回答学校数は，幼稚園（9,034 園），小学校（1 万 9,196 校），中学校（9,962 校），義務教育学校（151 校），高等学校（4,904 校），中等教育学校（54 校），特別支援学校（1,156校）であった。

　特別支援学校に在籍する医療的ケア児の数は，8,485 人となっており，医療的ケアを実施する看護師は 2,746 人，**認定特定行為業務従事者**は 4,472 人となっている。

　幼稚園，小・中・高等学校における医療的ケア児の数は，幼稚園 254 人，小学校 1,275 人，中学校 201 人，高等学校 53 人，合計 1,783 人となっている。このうち，特別支援学級在籍が 907 人，通常の学級への在籍が 876 人となっている。また，医療的ケアを実施する看護師は，幼稚園，小・中・高等学校に 1,886人，認定特定行為業務従事者は 137 人，合計 2,023 人となっている。

　学校で実施されている医療的ケアの項目については，特別支援学校では**喀痰**

吸引（口腔内）が5,072件で最も多く，次いで喀痰吸引（鼻腔内；4,905件），**経管栄養（胃ろう；4,818件）**となっている。また，幼稚園，小・中・高等学校において実施されている項目は，導尿が524件で最も多く，血糖値測定・インスリン注射が412件，喀痰吸引（気管カニューレ内部；361件），経管栄養（胃ろう；287件）となっている（図2-18）。

保護者等の付き添いの状況については，特別支援学校に通学する医療的ケア児（6,482人）のうち，保護者等が医療的ケアを行うために付き添いを行って

経管栄養
第1章第1節 p.10参照。

胃ろう
p.38参照。

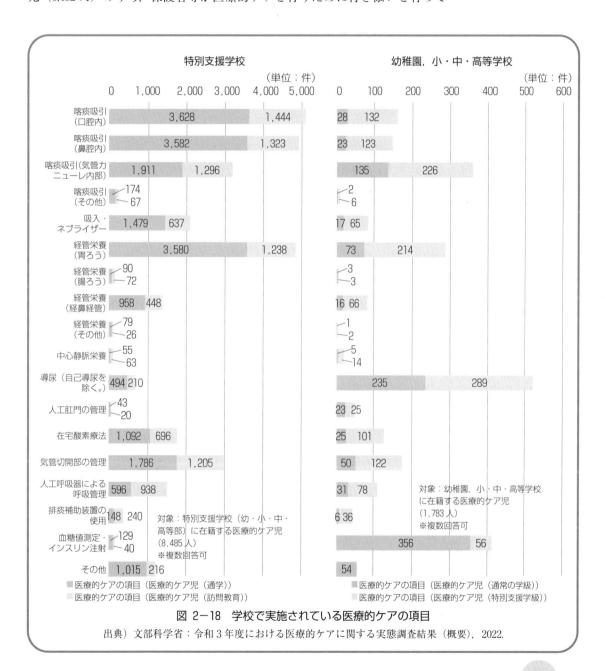

図 2-18　学校で実施されている医療的ケアの項目

出典）文部科学省：令和3年度における医療的ケアに関する実態調査結果（概要），2022.

いる医療的ケア児の数は 3,366 人（51.9％），付き添いを行っていない医療的ケア児の数は 3,116 人（48.1％）であった。また，幼稚園，小・中・高等学校に通学（園）する医療的ケア児（1,783 人）のうち，保護者等が医療的ケアを行うために付き添いを行っている医療的ケア児の数は 1,177 人（66.0％），付き添いを行っていない医療的ケア児の数は 606 人（34.0％）であった。付き添いを行っている理由は，特別支援学校では，「看護師や認定特定行為業務従事者はいるが，学校・教育委員会が希望しているため」が最も多くなっている。幼稚園，小・中・高等学校では，「看護師が配置されていない及び認定特定行為業務従事者がいないため」が最も多くなっている。

　医療的ケア児の通学方法等については，特別支援学校への通学方法は自家用車（61.2％），スクールバス（24.4％）の順で割合が高い。幼稚園，小・中・高等学校への通学方法は徒歩・公共交通機関（48.5％），自家用車（42.3％）の順で割合が高くなっている。

２）学校における医療的ケアに関するガイドライン等の策定状況等

　本調査は，教育委員会を対象として，医療的ケア児に関する総括的な管理体制の整備の一環として，域内の学校における医療的ケア実施体制に関するガイドライン等（以下，ガイドライン等）の策定状況などを把握し，関連施策の推進を図ることを目的として行われた。結果として，1,815 の教育委員会から回答があった。ガイドライン等を策定している教育委員会は 250（13.8％）であり，そのうち，所管する学校に医療的ケア児が在籍している教育委員会は 221（40.3％）であった。ガイドライン等を策定していない教育委員会が 1,565（86.2％）あり，ガイドライン等を策定していない理由としては，各学校が個別にマニュアルを策定し対応している，県のマニュアルを参考にして対応している，などの回答があった。ガイドライン等の策定の予定は，医療的ケア児の転入学が見込まれたときに策定するという回答が 856（54.7％）で，最も多かった。なお，ガイドライン等に記載されている内容項目は，「保護者の付添い」（92.0％），「学校で実施する医療的ケア（医行為）」（92.0％），「医療的ケアに係る関係者の役割分担」（90.4％）の順で割合が高くなっている。

（2）医療的ケアにかかわる取り組みと今後の課題

１）医療的ケア児支援法

　「医療的ケア児及びその家族に対する支援に関する法律」（以下，医療的ケア児支援法）（2021 年 6 月公布，9 月施行）により，国・地方公共団体・学校設置者の医療的ケア児への支援が，努力義務から責務となった。

　医療的ケアは，「人工呼吸器による呼吸管理，喀痰吸引その他の医療行為をいう」と定義され，一般的には，病院などの医療機関以外の場所（学校や自宅など）で日常的に継続して行われる，喀痰吸引や経管栄養，気管切開部の衛生

管理，導尿，インスリン注射などの医行為をさし，病気治療のための入院や通院で行われる医行為は含まれないものとされている。

医療的ケア児支援法の目的は，医療的ケア児の健やかな成長を図るとともに，家族の離職の防止，安心して子どもを生み，育てることができる社会の実現に寄与することであり，医療的ケア児とその家族が，居住する地域にかかわらず等しく適切な支援を受けられること，その生活を社会全体で支援するという理念を掲げている。

2016年に改正された児童福祉法第56条の6第2項において，「地方公共団体は，人工呼吸器を装着している障害児その他の日常生活を営むために医療を要する状態にある障害児が，その心身の状況に応じた適切な保健，医療，福祉その他の各関連分野の支援を受けられるよう，保健，医療，福祉その他の各関連分野の支援を行う機関との連絡調整を行うための体制の整備に関し，必要な措置を講ずるように努めなければならない」と規定されている。これは，自治体の努力義務であったが，医療的ケア児支援法では，医療的ケア児が保護者等の付添いがなくても学校に通うことができるように看護師等を配置することを求めており，自治体等の責務が明確になったといえる。

2）学校における医療的ケアの実施に関する検討会議

医療技術の進歩に伴い，医療的ケア児が増加するとともに，その対応について検討するため，文部科学省は2017年10月に，「学校における医療的ケアの実施に関する検討会議」を設置した。そして，2019年2月に最終まとめを行い，3月に「学校における医療的ケアの今後の対応について（通知）」が出されている。

本最終まとめは，今後，特定行為以外の医療的ケアを含め，小・中学校等を含むすべての学校における医療的ケアの基本的な考え方や医療的ケアを実施する際に留意すべき点などについて，表2-5のような観点で整理されている。

表 2-5　「学校における医療的ケアの今後の対応について」で示された医療的ケアの基本的な考え方，医療的ケアを実施する際に留意すべき点

1.　医療的ケア児の「教育の場」
2.　学校における医療的ケアに関する基本的な考え方
3.　教育委員会における管理体制の在り方
4.　学校における実施体制の在り方
5.　認定特定行為業務従事者が喀痰吸引等の特定行為を実施するうえでの留意事項
6.　特定行為以外の医療的ケアを実施する場合の留意事項
7.　医療的ケア児に対する生活援助行為の「医行為」該当性の判断
8.　研修機会の提供
9.　校外における医療的ケア
10.　災害時の対応

資料）文部科学省：学校における医療的ケアの今後の対応について（通知），2019.

3）今後の課題

　「新しい時代の特別支援教育の在り方に関する有識者会議　報告」（文部科学省，2021）において，医療的ケアが必要な子どもへの対応として，学校長の管理下において，担任，養護教諭，関係する医師，看護師などがチームを編成し，一丸となって学校における医療的ケアの実施体制を構築していくこと，医療的ケアを担う看護師の配置拡充と法令上の位置づけの検討および中学校区に医療的ケア実施拠点校を設置することなどが示された。

　このような点を踏まえて，多様な学びの場における医療的ケアを実施するための体制整備や医療的ケアを担う人材確保，教員への理解・啓発などについて検討し，学校における医療的ケアの実施体制のさらなる充実を図ることが求められている。

演習課題

1. PIMD に起こる合併症を含む諸症状について書き出し，それらの相互関連性から PIMD の障害像をまとめてみよう。
2. 咀嚼・嚥下の仕組みを再確認し，PIMD の障害像から誤嚥とその対策についてまとめてみよう。
3. 呼吸の仕組みを再確認し，PIMD の障害像から呼吸障害とその対策についてまとめてみよう。
4. 電動移動支援機器を使用して自ら移動する機会を獲得した子どもたちは，認知やコミュニケーション面でどのような変化が生じるか考えてみよう。
5. 「感覚と運動の高次化理論」（p.43 参照）で示されている発達層の実態について，乳幼児の発達に関する資料を調べて学習をしてみよう。
6. 「富田分類」（p.45 参照）について調べ，その要点についてまとめてみよう。
7. 学校で医療的ケアを行う意義についてまとめてみよう。
8. 学校で医療的ケアを行うにあたり，教員と看護師の役割について考えてみよう。
9. 医療的ケア児支援法について調べ，その概要についてまとめてみよう。

引用文献

1）五十嵐勝朗：新生児・乳児の生理学，国立医療学会，61（4），pp.235-239，2007.
2）岡田喜篤監修，小西徹・井合瑞江・石井光子・小沢浩編：新版　重症心身障害療育マニュアル，医歯薬出版，pp.55-67，2015.
3）三浦清邦：「呼吸障害／呼吸器疾患」，栗原まな編集：発達障害医学の進歩20　重度重複障害の医学，診断と治療社，pp.1-12，2008.
4）藪中良彦・木元稔・坂本仁編集：Crosslink 理学療法学テキスト　小児理学療法学，メジカルビュー社，pp.118-140，2020.
5）松村一洋：第9章1．膀胱直腸障害，藤井克則編：動画でわかる小児神経の診かた，羊土社，pp.192-194，2020.
6）岡田喜篤監修，小西徹・井合瑞江・石井光子・小沢浩編：新版　重症心身障害療育マニュアル，医歯薬出版，pp.162-169，2015.
7）新開真人：消化器疾患（外科系），栗原まな編集：発達障害医学の進歩20　重度重複障害の医学，診断と治療社，pp.28-33，2008.

8) 石井光子：摂食嚥下障害, 栗原まな編集：発達障害医学の進歩20 重度重複障害の医学, 診断と治療社, p.34-43, 2008.

9) 松元泰英：目からウロコの重度重複障害児教育, ジアース教育新社, 2018.

10) 宇佐川浩：障害児の発達臨床Ⅰ 感覚と運動の高次化からみた子ども理解, 学苑社, 2007.

11) 武長龍樹・巌淵守・中邑賢龍編著：黙って観るコミュニケーション, Atac Labo, 2016.

12) 富田朝太郎：富田分類から学ぶ 障害の重い子どもへのコミュニケーション支援：いつでも・どこでも・誰でも・すぐにできる, 学苑社, 2022.

参考文献

・佐々木誠：NICU における呼吸理学療法, 秋田大学医学部保健学科紀要, 14（2）, pp.93-94, 2006.

・上杉雅之監修：イラストでわかる人間発達学, 医歯薬出版, 2015.

・栗原まな編集：発達障害医学の進歩19 重症心身障害児の療育—基礎的対応を中心に, 診断と治療社, pp.17-27, 2007.

・塚原正人：遺伝性疾患と看護, 小児保健研究, 65（2）, pp.147-152, 2006.

第3章
重複障害の教育課程・指導法

　文部科学省が2021年に出した「新しい時代の特別支援教育の在り方に関する有識者会議　報告」では，特別支援学校には重複障害のある子どもが相当数在籍しており，「学校教育法施行令第22条の3において規定している程度の障害を複数併せ有する重複障害に限定されることなく，強度行動障害のある子供や依存度の高い医療的ケアが必要な子供など，手厚い指導や支援を必要とする者に対する障害の状態等を踏まえた指導体制の在り方について，検討を進める必要がある。その際，教職員が必要な指導を行えるよう，研修の機会の充実などに努めることも重要である」と述べられている。

　また，盲ろうに関しては「障害者権利条約第24条において示されているとおり，盲ろうの障害に関し，最も適切な教育が行われるべきことが求められているが，実際に盲ろうの障害を有する子供は，情報の入力や出力の観点から補完関係にある視覚と聴覚の両方に障害があるため，盲ろうの障害の独自性に合わせた指導事例の収集や，指導や支援のポイントの整理等を進め，専門性の高い教師の育成を支えていく必要がある」として，その専門性を高める必要性が示されている。

　そこで，本章では，具体的に学校教育において複数の困難がある子どもに対する，教育課程および指導法について解説する。

　まずは，盲ろう児の実態について概説し，日本の盲ろう教育の歴史と国連の障害者の権利に関する条約や，文部科学省の学習指導要領等でどのように述べられているかを説明する。そのうえで，盲ろう児の実態把握と教育的支援方法について示し，具体的な事例などを概説しながら，よく使われている教材教具とその活用方法などについて紹介した。一人ひとりの教育的ニーズは個々に異なるが，共通する独自性や指導上の配慮としておさえておきたい事項を説明した。

　次に，重複障害児について，特別支援教育制度に転換されてからの制度や学習指導要領における考え方や自立活動との関係，就学先決定の仕組みなどの諸制度について解説した。そのうえで，主な学びの場としての特別支援学校における教育課程について説明した。また，近年，重複障害のある子どもの中で増えているケアが必要な子どもの支援方法について紹介する。また，学習やコ

ミュニケーションにおいて課題となる「見ることの困難さ」を支援するために，どのような点をおさえなければならないかを具体的に示した。そして，重複障害児の生活を広げる支援としてその手立てを示した。

　障害者の権利に関する条約の締約国審査を受け，日本の特別支援教育の制度について今後さらなる見直しがなされることになるため，本章ではできるだけ最新の情報を記載することに努めたが，今後の国の動向を確認して，最新の情報を得るようにしてほしい。

① 盲 ろ う

1　盲ろう児の学びの場

（1）盲ろう児の数

　盲ろうの幼児児童生徒（以下，盲ろう児）は，きわめて少なく，全国に点在している。その多くが先天性盲ろう児と推察される。

　2013 年の全国調査[1] で，身体障害者手帳に視覚・聴覚両方の障害が記載されている盲ろう者は 1 万 3,952 人だった。盲ろう者は高齢者が多く，盲ろう者の中で 20 歳未満の盲ろう児は少数で，その約 1.3％の 178 人であった。

　また，2018 年の実態調査[2] では，特別支援学校の対象となる視覚・聴覚の障害を併せ有する盲ろう児が，特別支援学校で 315 人特定された。同年度の特別支援学校在籍数 14 万 1,944 人の約 0.2％と，希少である。

（2）盲ろう教育

1）盲ろう教育に関するトピックス

　①　日本の盲ろう教育　　日本の盲ろう教育は，1949 年盲ろう児の発見により，山梨県立盲学校で始まった。その後，重複障害児として，盲ろう児個々の実践が行われてきた。1991 年「全国盲ろう者協会」が設立され，2003 年「全国盲ろう教育研究会」が盲ろう児者の教育・福祉にかかわる全国的な研究会として発足した。

　②　障害者の権利に関する条約に「盲聾」の記載　　2006 年国連総会で採択された「障害者の権利に関する条約」の，教育の項に，「盲聾」が「deafblind」と記載され，盲ろうが独自の障害で，独自の教育的ニーズがあることが，ここで公に示された。

先天性盲ろう児
先天的に，あるいは 6 歳未満の乳幼児期に，視覚・聴覚の両方に障害を発症した盲ろう児。

2018 年実態調査
「特別支援学校における盲ろう幼児児童生徒の実態調査」
国立特別支援教育総合研究所が，全国の特別支援学校の，幼稚部，小学部，中学部，高等部，高等部専攻科，教育相談に在籍する盲ろう児に関して実施した実態調査。

特別支援学校の対象
基準は，学校教育法施行令第 22 条の 3。
第 1 章第 1 節 p.1 表 1 － 1 参照。

障害者の権利に関する条約（通称：障害者権利条約）
第24条　教育　3（c）
盲人，聾者又は盲聾者（特に盲人，聾者又は盲聾者である児童）の教育が，その個人にとって最も適当な言語並びに意思疎通の形態及び手段で，かつ，学問的及び社会的な発達を最大にする環境において行われることを確保すること。

③　学習指導要領解説に「盲ろう」の記載　　2018 年，文部科学省の「特別支援学校教育要領・学習指導要領解説　自立活動編」に，初めて「盲ろう」の文言が記載された。

④　「新しい時代の特別支援教育の在り方に関する有識者会議」の報告
2021 年，同有識者会議で，盲ろう児の独自性に合わせた指導・支援の教育実践研究と，盲ろう教育を担う教師の専門性を高める必要性が提言された。

Ⅲ　特別支援教育を担う教師の専門性の向上　3．特別支援教育の教師に求められる専門性
〇障害のある子供の一定数が複数の障害を重複して有していることを踏まえた対応が必要である。特に，障害者権利条約第24条において示されている通り，盲ろうの障害に関し，最も適切な教育が行われるべきことが求められているが，実際に盲ろうの障害を有する子供は，情報の入力や出力の観点から補完関係にある視覚と聴覚の両方に障害があるため，盲ろうの障害の独自性に合わせた指導事例の収集や，指導や支援のポイントの整理等を進め，専門性の高い教師の育成を支えていく必要がある。（以下略）

2）特別支援学校に通う盲ろう児の実態（2018 年実態調査[2]）
①　盲ろう児が通う特別支援学校　　盲ろう児は，**特別支援教育領域**の中のひとつの領域に集まらず，領域の異なる特別支援学校に，少人数（1名か複数名）ずつ分散して在籍している（表3-1）。

特別支援教育領域
・視覚障害者
・聴覚障害者
・知的障害者
・肢体不自由者
・病弱者

表 3-1　盲ろう児が在籍する特別支援学校

領　域			在籍する盲ろう児
視覚	特別支援学校	28 校	54 人
聴覚	特別支援学校	20 校	33 人
知的	特別支援学校	27 校	39 人
肢体不自由	特別支援学校	26 校	54 人
病弱	特別支援学校	5 校	11 人
知・肢併置	特別支援学校	26 校	56 人
視・聴・他併置	特別支援学校	14 校	36 人
視・他併置	特別支援学校	2 校	2 人
聴・他併置	特別支援学校	4 校	9 人
その他・不明	特別支援学校	14 校	21 人
盲ろう児が在籍する特別支援学校		計 166 校	計 315 人

注）全国 1,025 校のうち回答数 828 校
出典）星祐子（代表）：特別支援学校における盲ろう幼児児童生徒の実態調査結果について（速報版），国立特別支援教育総合研究所，p.2, 2018.

② 盲ろう児の障害の多様性　　盲ろう児の実態は多様である。2018 年実態調査[2]の盲ろう児 315 人のうち, 271 人（86％）が, 視覚・聴覚障害と併せて, 知的障害, 肢体不自由, 病弱など他の障害を重複していた。また, 136 人（43％）は, **経管栄養**, **胃ろう**, 口腔・鼻腔内吸引, 気管切開部の管理など, 日常的に**医療的ケア**を必要としていた。

③ 盲ろう児の見え方と聞こえ方のタイプ　　盲ろう児というと, 全く見えない全く聞こえない「全盲ろう」タイプだと誤解されやすいが, 実態調査では, 「全盲ろう」は最も少ないタイプだった。見えにくく聞こえにくい「弱視難聴」の割合が最も高く 49.8％で約半数を占めていた。この弱視難聴タイプは, 個々の見えにくさも聞こえにくさもそれぞれ異なり, 一律ではない。続いて, 「全盲難聴」19.4％, 「弱視ろう」5.4％, 「全盲ろう」3.5％の割合であった。全体の 21.9％が, 視力・聴力が測定不能か不明（無回答含む）と報告され, 盲ろう児の見え方・聞こえ方の実態把握が難しいことを示している。

3）盲ろう児に共通する特性の理解と教育的ニーズ

① 盲ろうは「情報障害」　　盲ろう児は, 視覚と聴覚両方の感覚に障害があることから, 常に情報を得にくく, 一度に得られる情報が極端に少ない, 「情報障害」といえる。盲ろう児は, 触覚からの情報と, 限られた視覚と聴覚の情報の中で, 一つひとつわかっていくため, 認識や概念の形成に時間がかかる。そのため, 盲ろう教育では, 盲ろう児自身が実体験を何度も繰り返し, 多くの機会と多くの時間をかけてわかっていくことを支援する姿勢が必要である。

② 移動することが難しい　　盲ろう児は, 歩行などの運動発達に早期から支援を要する。空間の把握が難しく, スムースな移動が難しいため, わかりやすい生活や学習の環境を整える必要がある。

③ コミュニケーション手段の獲得が難しい　　盲ろう児は, 言語・コミュニケーション手段の獲得に細かなステップを積み重ねていくことが必要で, 長い期間がかかる。また, 得られたコミュニケーション手段の維持も難しく, 周囲の理解と支援の継続を必要とする。

④ 双方向の伝達が難しいコミュニケーション障害　　盲ろう児のコミュニケーションは, 自分と相手（1 対 1）のやり取りが基本で, 一度に得たり伝えたりする情報はひとつに限られる。集団の中にいても, 周囲の複数のやり取りや全体の様子がわからず, 孤立しやすい。一人の人を窓口に状況を伝え合いながら, 周囲の人とのつながりを広げていく。

4）盲ろう児の特別支援教育

① 在籍する特別支援学校の教育課程　　国内には, 盲ろう教育専門の特別支援学校は設置されていない。そこで, 盲ろう児は, 保護者が求める教育的ニーズや, 医療・療育・教育・福祉の情報を集めて評価・検討し, 主たる障害の障害種の特別支援学校に就学する例が多い。就学後は, 特別支援学校の障害

経管栄養
第 1 章 第 1 節 p.10 参照。

胃ろう
第 2 章 第 2 節 p.38 参照。

医療的ケア
第 1 章第 1 節 p.2 参照。

盲ろう児の見え方と聞こえ方のタイプ
第 2 章第 1 節 p.23 表 2－1 参照。

教育的ニーズ
子ども一人ひとりの障害の状態に応じて必要な, 指導内容や教育上の支援の内容。

種別教育課程を柱に，障害を併せ有する重複障害児として，自立活動を主とした教育課程を編成する例が多い。

②　**個別の教育支援計画**　特別支援学校で設定する「個別の教育支援計画」の検討にあたっては，保護者も参画して，乳幼児期からの医療・療育・教育・福祉等の支援内容を引き継ぎ，個々の盲ろう児の教育的ニーズを把握したうえで，的確な教育支援計画を作成する。就学後も継続する医療受診や療育は，保護者の協力を得ながら，関係する諸機関や専門職との支援連携による情報共有を継続する。

③　**多職種や他校との連携**　専門職（PT，OT，ST，心理士，看護師）との協働，異なる障害種の特別支援学校との連携，他の障害種校の経験者など校内の人材の活用などにより，盲ろう児にとって適切な教育内容や環境の整備，配慮点を検討する。

（3）盲ろう児の実態の把握と教育的支援

1）盲ろう児の発見と早期教育の開始

盲ろう教育の場合，視覚障害・聴覚障害に関する早期からの支援と併せて，特にコミュニケーション面への適切な早期支援が望まれる。

全盲と診断され，併せて聴覚障害の診断を受けた，「全盲ろう」や「全盲難聴」の盲ろう児は，乳幼児期から盲ろう児として認識され，医療機関から療育・教育機関に紹介されて，早期から教育が開始されることが多い。

重度・高度難聴の聴覚障害と診断された場合は，医療・療育・教育機関による早期介入が開始される。併せて弱視と診断を受けたり，観察によって弱視が認められた場合，「弱視ろう」の盲ろう児として，支援の必要性が認識される。

盲ろう児の半数を占めている「弱視難聴」の盲ろう児の多くは，知的障害等を重複しているなど多様で，盲ろう児として認識されにくい面がある。子どもの実態把握にあたって，見えにくさと聞こえにくさがある「弱視難聴」の盲ろう児を発見した場合，的確な教育的支援につなげることが求められる。

昨今，視覚聴覚二重障害（盲ろう）の遺伝性症候群が明らかになってきた。遺伝学的検査により，盲ろう障害のリスクが高い乳幼児が抽出されることで，盲ろう児が早期に発見され，その発見が早期からの教育的支援につながることが期待される。

2）盲ろう児の実態の把握と教育的支援

担当する盲ろう児に関する情報を集め，子どもの全体的な実態把握に努める。個々の障害に関する実態を生活や学習の中で観察し，身体・健康に関する状態の把握と併せて，必要とする教育的配慮や支援について整理していく。

①　**生育歴・教育歴**　生育歴（妊娠中・出産時・出生時の様子。定頸・独歩・発語など主な発達の経過）や，教育歴の情報を得る。

PT
physical therapist
理学療法士。動作の専門家。

OT
occupatinal therapist
作業療法士。作業の専門家。

ST
speech-language-hearing therapist
言語聴覚士。言語・聴覚・摂食の専門家。

② 疾病（盲ろうの原疾患など）・病歴（手術・入院など）・健康状態　　疾患
が進行性疾患であるか否か，服薬，発作管理，など健康面の情報を得る。

盲ろうの原疾患
第2章第1節 p.19〜
23参照。

③　障害に関する実態把握と対応する支援例

a．視覚障害

○診断：疾患名，眼球各部位の異常の程度，**中枢性視覚障害**の有無，視力数
　値，眼鏡処方，身体障害者手帳の有無などから，特性の理解に努める。

○全盲：見えていない（光覚の有無を観察する）。

・光覚のない全盲ろう児は，昼夜逆転が起こりやすい。通学リズムの定着
　によって，改善を試みる。

・眼窩の成長を促すため義眼装用が必要な場合は，支援を継続する。

○弱視：見えている（多様な見えにくさがある）。

・光覚（光がわかる）の観察と活動：光る物・点滅する光・キラキラする
　物などで光あそびを楽しめるか，光が入る窓を見たり窓に向かって移動
　するか，光る物を追視するか，天井照明の形や配置で居場所がわかるか，
　などを活動をとおして観察する。

・色覚（色がわかる）の観察と活動：鮮やかな色の玩具を好むか，好きな
　色があるか，色が弁別できるか，自分の椅子が目印の色でわかるか，色
　名が言えるか，などを活動をとおして観察する。

・羞明（まぶしがり）の観察と配慮：晴れた屋外や日射しをまぶしがるか，
　バギーで外に出たり仰向けに寝ると目を閉じ寝てしまうか，などを観察
　する。つばのついた帽子，遮光レンズの処方，ブラインドや遮光カーテ
　ンの設置，天井照明を間接照明にする，黒いトレイに物を置く，白黒反
　転の文字提示，など配慮する。

・視野狭窄（見えない・見えにくい部分や範囲がある）の観察と配慮：見え
　ない部分（中心部，周辺部，上方，下方など）や見え方を観察する。移動
　時の安全や教材の見せ方などに配慮する。

・明暗順応（暗いと見えない・夜盲）の観察と配慮：暗いと見えない様子
　が観察されたら，暗い場所を明るくする，懐中電灯を常備する，など配
　慮する。

・見え方と視力：視力数値を参考に，生活や視知覚を活用した学習の中で
　見え方を観察する。**教育的な視機能評価**を行い，学習や生活に生かす。

中枢性視覚障害
眼科検査で問題がな
く，外見上も視覚障害
の特徴がみられない
が，中枢（大脳）の病
変や損傷によって，見
ている反応が乏しい状
況の視覚障害。

教育的な視機能評価
どのくらい細かいもの
がどれくらいの距離で
見分けられるのか，ど
の範囲ならわかるの
か，まぶしさの条件は
…などの視機能を，生
活や学習の中で観察
し，具体的に評価す
る。

b．聴覚障害

○診断：聴覚障害の種類：感音性難聴・伝音性難聴・混合性難聴かを知る。
　難聴の程度：診断されている聴力と難聴の程度を知る（表3-2）。

表3-2　難聴の程度

軽度難聴	中等度難聴	高度難聴	重度難聴
25dB〜	40dB〜	70dB〜	90dB〜

○聴覚管理：定期的な聴力検査や医療受診によって，聴力（聴覚閾値）を確定していく。聴力図に示される聴力の安定や変動，日常の聞こえの変化も参考にする。

ABR
auditory brainstem
response
聴性脳幹反応

ASSR
auditory steady-state
response
聴性定常反応

OAE
otoacoustic emission
耳音響放射

BOA
behavioral observa-
tion audiometry
聴性行動反応聴力検査

COR
conditioned orienta-
tion response audiome-
try
条件詮索反応聴力検査

幼児聴力検査
音刺激への反射や反
応，条件づけなどに
よって聴力を測定す
る。

・他覚的聴力検査：聴性誘発反応 ABR・ASSR，耳音響放射 OAE，などによる検査結果を知る。

・自覚的聴力検査：乳幼児期の盲ろう児や知的障害を有する盲ろう児の場合，ボタン押しの標準聴力検査が難しい。**BOA・COR などの幼児聴力検査**で，聞こえの反応を観察し，オージオグラム（聴力図）で経過を記録する。聴力の確定は難しく，長期間を要することもあるが，ねばり強い検査の継続と，日常の聞こえの観察によって，聞こえへの反応や聴力は明確になっていく。

○聴覚補償：聴覚障害による聞き取りにくさを，補聴器で補う。補聴器は，聴力に合わせて音を増幅調整する。補聴器の維持管理を継続する。人工内耳の適応が検討されることがあり，重複障害を有する場合は慎重に検討する。

・補聴器装用指導：重度の知的障害を有する盲ろう児も，聴覚補償によって，笑い声を聞いて笑顔になる・好きな曲がかかると喜ぶ・始まりと終わりの挨拶がわかるなど，音や声の弁別が観察されるようになる。また，聴力検査の反応が明確になり，補聴器の調整に役立つ。音や声の，聞こえの情報を受け取れることは，心理的安定にもつながる。

早期に補聴器装用指導を開始し支援を継続した盲ろう児は，補聴器装用が定着しやすい。就学後，学校生活の中で少しずつ装用の機会と時間を増やし，装用習慣が定着した例もある。

・伝音難聴への聴覚補償：幼児期は，滲出性中耳炎による伝音難聴の例が

コラム　補聴器装用がむずかしい盲ろう児の場合

盲ろう児が有している聴覚からの情報は，最大限生かしたい。補聴器の装用は，そのために有効な支援方法なのだが，補聴器装用指導には，盲ろう児の聞こえに対する正しい理解とねばり強い取り組みが必要で，実際には，補聴器装用習慣の定着が難しい盲ろう児の例が多くみられる。

軽度・中等度の難聴の盲ろう児は，大きめの音や声に気づけるので，周囲の人から「聞こえている」から「補聴器は必要ない」と誤解されてしまうことがある。また，「補聴器をすぐ外すので，いやがっている」とか「会話ができない子どもなので補聴器は必要ない」という判断で，補聴器の装用指導が中断されている例もある。聞こえの補償への理解を深めたい。

補聴器の装用が難しい状況でも，盲ろう児の聞こえにくさへの理解と配慮を忘れないことが大切で，大きめの声や音や振動で伝える意識をもって対応しよう。併せて，豊かなコミュニケーション手段獲得に向けて，支援の充実に努めよう。

多い。治療の継続による完治を図る。滲出性中耳炎完治によって聴力の改善がみられる。外耳道閉鎖・狭窄による伝音難聴の場合も，手術や身体の成長に伴い聴力の改善がみられる。難聴が認められる間は，聞こえを補償するため，補聴器や骨導補聴器の装用を続ける。

・関係諸機関との連携：聴覚特別支援学校以外の特別支援学校では，盲ろう児の聴覚障害に関する支援に，他機関（医療・療育・教育機関など）との連携の継続を必要とする。盲ろう児の日常の聞こえに関する観察と検査結果を，在籍校と他機関との間で密に伝え合うことが，盲ろう児の聞こえの実態把握と聴覚活用に役立つ。

c．全体像の把握

○知的障害，運動障害（肢体不自由），ASD（自閉スペクトラム症）など発達障害，医療的ケアの有無と内容，に関する情報も合わせて，盲ろう児の全体像を把握する。

④　コミュニケーションの方法　　子どもとのコミュニケーションの方法に関して，具体的な情報を得ておく（p.61・64参照）。

3）教育的ニーズの変化

盲ろう児は，運動能力の向上や，身体・健康状態の変化，コミュニケーション手段の変更などによって，教育的ニーズに大きな変化が起きることがある。子どもの実態の変化を全体的に評価し，新たな教育的ニーズに適した教育の場として，他障害領域の特別支援学校への転校も含めて検討する。

（4）盲ろう児にとってわかりやすい学習環境の設定

盲ろう児にとって必要な情報が伝わりやすく，安心して過ごせる学習環境を準備する。誰と，どこで，何をするのか，を伝え合いながら，信頼する人と，好きなことを見つけて取り組み，学べる場になることを想定する。

教員は，盲ろう児との日々のルーティンや学習のやり取り場面を振り返り，子どもの学習の状況や成果を整理し，学習環境の改良や工夫を重ねる。

1）人　「だれ？」がわかる

①　自分が誰かを名乗ったり，誰がかかわるのかを伝える印や合図を決める。

・オブジェクトのネームサイン　　・タッチ・キュー　　・身振りサイン　　・手話，指文字，ネームサイン，同じ色（柄）のシャツ，同じ香りなど

②　自分の居場所を知ったり，友だちの存在を確かめたりするための印をつける。

・ネームサインで，席，所有者，在席か不在かを知る。

・見分けやすいパーソナルカラーを決める。

椅子やロッカーに大きめのカラーシートを貼り，**色を目印**にする。

オブジェクトのネームサイン：腕輪の例

タッチ・キュー
身振りや触り方での合図。例えば，子どもの脇を両手ではさんで持ち上げるしぐさで「だっこするよ」とか，おしりをポンと触って「座る」と伝える合図など。

色の目印：椅子とロッカー

２）場所　「どこ？」がわかる（図3−1）

① わかりやすく過ごしやすい教室の環境を整備する。

② 教室ごとの印を設置するなど，移動しやすい校内の環境を整備する。

③ 何がどこにあるかがわかる印をつける。

工夫例

廊下・階段・教室内は，90 度で方向転換できる位置に配置する。

壁とドアの色にコントラストをつける。

階によって床の色を違える。

ドアや階段前の床に異なる床材を貼り，警告する。

教室ごとに印（オブジェクト）をつける。

引き出しに，中に入っている物の印をつける。

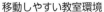

移動しやすい教室環境　　特別教室の印・表示・入口　　家庭の台所を想定した喫茶コーナー

図 3−1　わかりやすく，移動・活動しやすい校内・教室環境

３）時間と活動　「何をするの？」がわかる

① テーマソングを決める。

② **オブジェクト・キュー**，写真カードなどを準備する（図3−2）。

③ スケジュールボックス，スケジュール表を準備する（p.70・71参照）。

④ 活動ごとの準備物を決める。　　例）給食（給食袋とエプロン）

４）行事・特別活動　「いつもとちがうこと」がわかる

① 身に着ける物　　例）運動会（衣装，紅白帽）

② 準備物　　例）買い物（お金，財布，袋，買う物の箱など）

③ 行き先・活動の内容（順を追って）　実物　写真カード　タブレット画像

オブジェクト・キュー
第 2 章 第 1 節 p.31 参
照。

←遊具・公園など
　写真カードの掲示

　　場所を表す
　　オブジェクト・キュー
　　の棚→

図 3−2　行く・行きたい場所や，やる・やりたい活動を選べる環境

2 盲ろう児の学習・コミュニケーションに関する支援

（1）自立活動を主とした教育課程

　盲ろう児は，特別支援学校の重複障害学級に在籍し，障害を併せ有する子どものニーズに合わせて，自立活動を主とした教育課程で学んでいる場合が多い。

　「特別支援学校教育要領・学習指導要領解説　自立活動編」[3] に，「盲ろう」の実態把握から具体的な指導内容を設定するまでの手順例（下記①〜⑧）が示されており，参考にすることができる（図3−3）。

　①…情報を収集し，実態を把握する。

　②−1・2・3…収集した情報を**自立活動の区分**・学習状況・求める姿に整理する。

　③④…②の情報を整理して課題を抽出し，中心的な課題を導き出す。

　⑤…④に基づいて設定した指導目標を立てて記す。

　⑥⑦…⑤を達成するために必要な項目を選定し，関連づける。

　⑧…具体的な指導内容を設定する

自立活動の区分
健康の保持
心理的な安定
人間関係の形成
環境の把握
身体の動き
コミュニケーション
詳細は p.84 図 3 − 14
を参照。

（2）盲ろう児のコミュニケーション方法

1）聞き手による反応の読み取り

　先天盲ろう児は，情報の入手が難しく，入力されたわずかな情報でさえも処理するまでに時間がかかる。そこで，子どもの身体の些細な動きや表情の変化などの反応を，かかわる人（聞き手）が読み取ることがコミュニケーションの始点となる。聞き手は，動きがみられた身体の部位へのタッチ，ことばがけなどによって，子どもの反応が聞き手に伝わったことを伝え返す。このフィードバックを繰り返して，子どもの発信に意味をもたせていくことができる。

　聞き手が「○○がわかった」「○○を伝えたい」と感じ，読み取れた子どもの反応を，かかわる人の間で共有しながら，子どもの発信の手段に育てていく。

2）先天盲ろう児の受信・発信のコミュニケーション手段

　盲ろう児のコミュニケーション手段は，多種多様で定まっていない。生活や学習の中でのかかわり合いを，ゆっくりじっくり積み重ね，子どもに応じた，わかりやすい方法で，何を伝えられるか・どうすれば伝えやすいかを探り，それぞれの実用的なコミュニケーション手段をつくり出していく。

　盲ろう児のコミュニケーション手段として使われる情報は，瞬間消失型と痕跡型に分類される（表3−3）。瞬間消失型は，その場で伝え合いやすく情報量も多いが，形に残せない。痕跡型は，準備が必要だが，予告や振り返りなど再現性がある。そこで，瞬間消失型と痕跡型双方の手段を身につけ用いていけることが，望ましい。盲ろう児自身が周囲に向けて発信する表出手段と，相手が

学部・学年	中学部・第3学年
障害の種類・程度や状態等	知的障害を併せ有する盲ろう
事例の概要	身振りサインなどを用いて教師とやりとりができるようにするための指導

①　障害の状態，発達や経験の程度，興味・関心，学習や生活の中で見られる長所やよさ，課題等について情報収集

・知的障害を併せ有する先天性の盲ろう障害の生徒である。
・視覚障害については，原因は不明で測定不可である。晴れた日に屋外に出た時にまぶしがる様子が見られるなど行動観察で光覚が認められるが，物に目を近づけて見ようとする様子は見られない。
・聴覚障害については，90dBの音に無反応との結果だった。現在も音や声に反応する様子は見られない。行動観察で音や声に反応する場面は見られない。
・教室内は自力での移動が可能であるが，教室外の移動は教師の手引きが必要である。
・家族や教師とのやり取りは，これから行う活動と直接関係のある体の部位を使っての身振りサインやオブジェクトキュー（活動をイメージする具体物等）を用いており，生徒からの自発的な発信は10種類程度，受信して理解できるのは30種類程度である。
・いつも関わる教師の働き掛けに対して，「わかった」，「やりたくない」などの返答や自分のやりたいことを伝えるなどごく簡単なやりとりができる。
・トランポリン，水遊びなど体を動かす遊びのほか，棒やブロック，木材等を組み合わせる遊びなどを楽しむ。
・活動の見通しをもつことが難しく，特に自分の意に反する活動に対する切り替えが難しい。
・想定外のことや自分の思いが通らないようなことが起きると，怒ったり，その場から動かなくなったりする。

②－1　収集した情報（①）を自立活動の区分に即して整理する段階

健康の保持	心理的な安定	人間関係の形成	環境の把握	身体の動き	コミュニケーション
・健康面は良好で，体調は安定している。	・突然の出来事や自分の思い通りにならないことに対して，怒って拒否的になる。	・いつも接する教師からの働きかけは受け止めている。	・視覚と聴覚からの情報がほとんど入らない。 ・いつも使用している教室内の配置はかなり把握していて，ほぼ自由に動くことができる。	・限られた空間では，身体を動かす遊びを好んで行っている。	・身振りサインやオブジェクトキューを用いて，簡単なコミュニケーションをとっている。

②－2　収集した情報（①）を学習上又は生活上の困難や，これまでの学習状況の視点から整理する段階

・得られる情報は直接触れることのできる非常に限られた範囲であり，情報量も極めて少ない。（環）
・周囲の状況を理解すること（環），学習や生活の見通しを持つことが難しい。（心）
・自分の思い通りにならないことに対して，気持ちを調整することが難しい。（心）
・身振りサインやオブジェクトキューの種類を増やすことが，豊かな学校生活につながっていくと考えられる。（コ）

②－3　収集した情報（①）を〇〇年後の姿の観点から整理する段階

・保護者は，見通しをもって生活をしたいと望んでいる。（心）
・保護者は，自分の思いを表出し，相手の思いも受けとめ，気持ちや行動をコントロールできるようになってほしいと望んでいる。（心）
・学校卒業後，関わる人と身振りサインなどを使ったコミュニケーションがとれることが大切である。（人・コ）

③　①をもとに②－1，②－2，②－3で整理した情報から課題を抽出する段階

・周囲の状況や学校生活の流れを理解し，生活の見通しをもつ。（環・心）
・身振りサインやオブジェクトキューを使って，自分の思いを伝えたり，教師からの働きかけも受け止めたりし，お互いの思いの伝え合いや感情を共有する。（人・コ）
・周囲の関わる人とのコミュニケーション力を育てる。（人・コ）

④　③で整理した課題同士がどのように関連しているかを整理し，中心的な課題を導き出す段階

　非常に限られた情報，経験や知識の中では，興味・関心の幅が狭く，物事がどのように推移してきたか，これから何が始まるのかといった周囲の状況を把握したり，変化を受け入れたりすることは難しい。また，受信及び発信できる身振りサインやオブジェクトキューが限られているため，教師からの働きかけを受け止めて，自分の考えを伝えるといったやりとりが難しい。

　そのため，自立活動の時間だけではなく，学校生活全般にわたって，教師との信頼関係を基盤に心理的な安定を図り，丁寧なコミュニケーションをとっていくことで，双方向でのやりとりや感情の共有が生まれ，気持ちをコントロールしたり，見通しをもったりすることもできるようになると考えられる。したがって，中心的な課題を「身振りサインやオブジェクトキューなどを用いて教師とのやりとりをする」こととした。

課題同士の関係を整理する中で今指導すべき指導目標として	⑤　④に基づき設定した指導目標を記す段階
	お互いの思いの伝え合いや感情の共有を図れるよう，身振りサインやオブジェクトキューなどを用いて，教師と双方向のコミュニケーションをとることができる。

	⑥　⑤を達成するために必要な項目を選定する段階					
指導目標を達成するために必要な項目の選定	健康の保持	心理的な安定	人間関係の形成	環境の把握	身体の動き	コミュニケーション
		(1)情緒の安定に関すること。 (2)状況の理解と変化への対応に関すること。	(1)他者とのかかわりの基礎に関すること。 (2)他者の意図や感情の理解に関すること。	(1)保有する感覚の活用に関すること。 (4)感覚を総合的に活用した周囲の状況についての把握と状況に応じた行動に関すること。	(3)日常生活に必要な基本動作に関すること。 (4)身体の移動能力に関すること。	(1)コミュニケーションの基礎的能力に関すること。 (2)言語の受容と表出に関すること。

⑦　項目と項目を関連付ける際のポイント

　身振りサインやオブジェクトキューなどを用いた教師と双方向のコミュニケーションをとるために，（心）（1），（人）（1）（2），（環）（1），（コ）（1）（2）を関連付けて設定した具体的な指導内容が，⑧アである。この目標を達成するためには，活用できるサインやオブジェクトキューを増やしていくことが必要である。このため，⑧イを設定し，（心）（2），（人）（1）（2），（環）（4），（身）（3）（4），（コ）（1）（2）を関連付けて指導するとともに，（心）（1），（人）（1）（2），（コ）（1）（2）を関連付けて，設定した具体的な指導内容が，⑧ウである。

	⑧　具体的な指導内容を設定する段階		
選定した項目を関連付けて具体的な指導内容を設定	ア　活動の予告や教師の働きかけに対して，意思を表出したり，やりたいことを伝えたりする。	イ　楽しめることや好きな活動を広げ，活動の中で，理解し活用できる身振りサインやオブジェクトキューを増やしていく。	ウ　「うれしい」「楽しい」「くやしい」「悲しい」といった感情を教師と共有し，感情に名前があることを知る。

図 3-3　盲ろうの実態把握と指導内容設定の手順

出典）文部科学省：特別支援学校教育要領・学習指導要領解説　自立活動編，図 15，p.168，170，2018.

子どもに伝える受容手段とが，異なる場合もある。

盲ろう児の聞こえにくさを念頭におき，伝える手段と合わせて，はっきり・ゆっくり・大きめの声で話しながら伝えることを心がける。

表 3-3　盲ろう児のコミュニケーション手段として使われる情報

瞬間消失型情報	痕跡型情報
声（泣き声など）　表情 リーチ　クレーン　触ってガイド 指さし タッチ・キュー 身振りサイン　手話 指文字　指点字　キュードスピーチ 話しことば（音声言語） など	実物 オブジェクト・キュー　　ネームサイン 写真 画像（タブレット端末など） 絵 普通文字／拡大文字 点字 など

キュードスピーチ
5母音の口形と子音のキュー（手指の形と動き）とを組み合わせて，日本語の音韻を表す方法。キューは発音サインとしても用いられる。

3）盲ろう者のコミュニケーション方法

言語を獲得してから盲ろうになった盲ろう児の場合は，受障までに獲得してきた言語形態（手話，指文字，点字，文字，音声）をもとに，使いやすい感覚（触覚，視覚，聴覚）に適するコミュニケーション方法を選んで学習していく。

① 触覚を活かし，触れる方法　　手書き文字，触手話，点字筆記，指点字，ローマ字式指文字

② 触れながら見て，読み取る方法　　日本語式指文字

③ 見て，読み取る方法　　文字筆記（筆談），弱視手話

④ 聞いて理解する方法　　音声

ローマ字式指文字
母音＋子音のローマ字式指文字を，触れてよみ取る。

日本語式指文字
手話と合わせて用いる指文字を，見て触れてよみ取る。

（3）盲ろう児の学習・コミュニケーションの実際

盲ろう児の生活や学習場面，コミュニケーションの実際を，複数の盲ろう児とのエピソードをとおして紹介する。

1）乳幼児期の教育相談支援の実際

先天盲ろう児の発見による，医療機関からの紹介や，保護者からの問い合わせがあり，盲ろう教育相談や療育の，早期介入例が増えてきている。

盲ろう児　乳児期からの教育相談支援

　全盲難聴のA児は，出生と同時に全盲とわかり，新生児聴覚スクリーニングによって生後10日で難聴の疑いがあることがわかった。病院の相談室から，視覚聴覚二重障害（盲ろう）の可能性が高いA児と保護者の紹介を受け，退院後の育児支援を含む教育相談支援を開始した。
〇初回面接では，保護者とともに，まず，光や音の刺激のない中でぽつんと置かれている，A児自身の世界を想像し共有した。
〇乳児期に，人間関係の基盤となる保護者との愛着関係形成を促し，身近な人や場で安心して過ごせるように，かかわり方の手立てを決めていった。

① 人がかかわる（離れる）ことがわかるように知らせる。

・肩をトントン，「来たよ」，頬を触るなどのネームサイン，「〇〇よ」で名乗る。

・かかわっている間は，身体の一部が触れ合っていることで安心感をもたせる。

・手にタッチして振る，「バイバイ」など，離れるときはその都度伝える。

一連のかかわりやルーティンの中で「はじめとおわり」を繰り返し伝える。

② これから「何をする」のか，哺乳，おむつ替え，お風呂などを，サインでの予告で繰り返す。生活のリズムを整え，ADL*獲得の基盤をつくる。

③ いつも過ごすマットや触れる玩具など，安心して過ごせる日常生活の場で，「どこ」にいるのか「何」があるのかを探索できるようにする。

④ 触覚，前庭覚などを刺激し，「反応」を待って引き出し「感情」を伝える。

・抱く，触る，なでる，マッサージなどをとおして，触覚を刺激する。

→点ではなく連続したラインで触りながら，ボディイメージをつくる。

・ボディタッチ，だっこ，ゆれあそびなど楽しめるかかわりを増やす。

→お気にいりの活動や身近な物を探す。

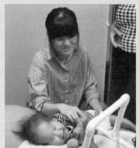

探索：チェーンに触る

気づきや感情の表出には，時間がかかることが多い。じっくり反応を待ってそれを伝え返し，気づきとともに意思や感情の表出を促していった。

愛着関係が成立した身近な人と，hand under hand（p.68 参照）の手法などで，不安なく探索する経験をとおして，好奇心を育てることができた。

〇医療情報の整理と共有

先天盲ろう児は，新生児期から，疾病の診断治療の医療受診科も多く，受診頻度も高い。保護者や医療機関とともに医療情報を整理しながら共有した。

〇聴覚障害への早期介入

A児は難聴の確定診断を受けた新生児期から補聴器装用を開始し，終日装用が定着した。医療機関STによる聴力検査と補聴器管理を継続した。

2〜5歳で，声のするほうに顔を向ける，周囲の笑い声を聞き笑顔になる，ピアノ生演奏に聞き入る，あいづちをうつように声を出して会話に参加する，などの聞こえが観察された。

〇視覚障害への早期介入

A児は義眼適応の診断で，早期に義眼装用を開始し，装用が定着した。

〇運動発達の観察と支援

A児は盲ろう障害に，重い肢体不自由と知的障害を併せ有し，2歳から医療的ケアも開始された。盲学校幼稚部，療育，PT訓練の支援も得て，スイッチあそびやAAC（p.93 参照）など，随意的な動きを生かした活動も開始している。

* ADL（activities of daily living）：日常生活動作。着がえ，食事，移動，排泄，入浴，清潔。

2）人への愛着と信頼の形成

安心し信頼して過ごせる人との愛着関係が，盲ろう児の心理的安定の基盤となる。盲ろう児のコミュニケーションは，1対1でのていねいなやり取りの積

み重ねのうえに成り立つ。安心して信頼できる人を窓口に，外の物や人とつながりがもてるようになり，世界をひろげていく。

　○ネームサイン：盲ろう児とかかわる人は，自分を名乗る手段を準備する。腕輪などのネームサイン，タッチ・キュー，シャツやエプロンの色柄，歌などを用いる。子どもは，そばに誰がいるかを認識し安心しながら，自分がいる集団を認識していく（図3-4）。

　盲ろう児自身を含むクラス全員と教員が，オブジェクトのネームサインをもち，それぞれの着到板や席の机・椅子・植木鉢などに取りつける。盲ろう児自身，自分の物や居場所がわかりやすい。

　また，出席盤に着到板が貼られていて，印がついている席にいることで，友だちの出席がわかる，逆に欠席に気づくなど，クラスの仲間を認識するためにも役立つ。

ネームサイン

靴箱のネームサイン

着到板を出席盤に貼る

席のネームサイン

図 3-4　ネームサインの活用　着到板と出席盤の仕組み

あいさつのサイン

　全盲難聴のＢさんは，両手のひらを上に向けるサインで，両手タッチを求める。声や気配で人のいる方向がわかるようになり，手のひらを相手に向けて，「あそびましょう」と誘うサインにも発展した。

　弱視難聴のＣさんは，右手を伸ばし手のひらを上に向けるサインで，「いっぽんばし」の手あそびを求める。初めて会った人に，「よろしく」のあいさつとしても使っている。

　全盲難聴のＤさんは，登校時，玄関ベンチに座っているとき，右手をあげて手のひらを上に向けるサインを送り，通る人にタッチとあいさつを求める。

　いずれも，周りの人に，自分からタッチや手あそびを求めるようになり，人との関係やかかわりが急にひろがった。発声を伴わないため，手を出すサインに気づいてもらえない場面もある。子どもがあいさつのサインを出したとき，サインに気づいた人が相手に知らせ応えてもらっている。

3）感覚あそびが探索・触察の始まり

　盲ろう児は，感覚過敏があるといわれることがある。見えにくさと聞こえにくさによって，予告なく何かが突然起こり恐怖に感じる場面を数多く経験していることも，その要因のひとつだといえる。

　幼児期の「感覚あそび」では，信頼できる人といっしょに，新しい感覚や動きを，細かい段階に分けて体験し，経験を積みあげていく。優位な感覚を生かしながら，さまざまな感覚の刺激を受け入れていけるように，学習活動を工夫する。

　これから感じる感覚を，「冷たい」「ぬるぬる」「べたべた」などと身ぶりサインや手話で予告することや，経験後に「冷たかったね」などとフィードバックして伝え直すことも，感覚の実体験の積み重ねの助けとなる。学齢期以降も，「感覚あそび」の要素を取り入れて学習を工夫する。

　①　身近な物の感触から　　乳児期から，いつも触れているマットの感触やその縁，手を伸ばせばいつも触れる玩具などが，安心できる自分の居場所のランドマークとなっていく。リングや球を握る，チェーンや感触板に気づくなどの触る活動から，同じ感触，違う感触，似ている感触への気づきが芽生えていく（図3-5）。

　②　盲ろう児の感覚あそびの工夫　　感覚あそびの導入時は，身体全体を包み込むような設定にすると，盲ろう児が安心して身体をあずけられ，新しい事物や感覚を受け入れやすい。

乳幼児期の盲ろう児の，感覚あそびに適した教材を紹介する。
A・B・Cは，パーキンス盲学校から寄贈された手づくり教材である。
Aは物が指先に触れたことに気づいて確かめる，Bはいろいろな感触や色の違いや好みを知る，Cは物を変えられるので同じ概念の仲間を知る，などに学習が広がった。

A　チェーン

B　着脱できる感触板

C　オブジェクトぶらさげ台

D　さまざまな素材のリング

E　握りこめる小さい球

F　伸縮チューブ

D・E・Fは，身近な玩具である。手のひらで握りこむ時期から，受け入れやすく，感触の違いに自然に触れてあそべる。

図3-5　乳幼児期　感覚あそびの教材

固有覚
筋肉や関節で，自分の身体の位置や動き，力の入れ具合を感じる感覚。

前庭覚
三半規管などで，自分の身体の傾きや速さ，回転を感じる感覚。

　a．**ゆれあそび**：布ブランコ・トランポリン・ブランコなどのゆれあそびは，初めてのときには怖がる子どももいる。身体を包んだり大人に抱かれたり歌を聞いたりしながら体験し，**固有覚**や**前庭覚**の刺激を快感として受け取れると，大好きな活動へと変わっていく。

　b．**水あそび**：お風呂や洗面所での水あそびが好きでも，プールでの水あそびは嫌がることがある。水をお湯プールにしたり，大人といっしょに入ったりして，少しずつ慣れていき，楽しめるようになる。

　c．**砂場あそび**：砂を触らせようとしたり，砂場を歩かせようとすると嫌がることが多い。足を入れているお湯の入ったバケツに，少しずつ砂を入れていくと，自分から足元のバケツに手を入れて砂を触り始めるなど，砂の感触に慣れていくことができる。砂場に穴を掘り，穴の中に子どもが座り砂に腰まで埋まると，手を広げて砂を触ったり，砂に埋まっている足を動かしたりして，砂の感触を楽しみ始める。

図 3-6　ボールプール

　d．**ボールプール**：ビニールプールをボールプールにして，色・柄・素材・大きさ・つくりの違うボールを混ぜておく（図3-6）。その中に寝転んだり，座ったりしてボールで包まれると，じっと動かない・指先でボールを触る・握る・投げる・違いに気づくなど，大きな発見と活動の場になる。同じように，新聞紙・どんぐり・落ち葉・泡・かんてんなどで，ビニールプールを満たしてあそぶ活動に発展させることができる。

hand under hand

③　hand under hand　物に触ることが苦手な盲ろう児の場合は，信頼できる大人といっしょに触るhand under handの手法を用いる。子どもの手の下に大人の手をくぐらせて置き，大人が触りながら，子どもが偶然触れたり，いっしょに触り始めたりするのを待つ。手あそびや身振りサインを学んでいく過程でも，hand under handの手法を用いると，身体や手指の動きを身につけやすい。

感触も楽しめる楽器

④　**さまざまな感覚の受容**　暗室での光あそび，風や振動を感じるスイッチあそび，感触も楽しめる楽器あそび，オイルマッサージ，調理など，もっている視覚・聴覚・触覚・嗅覚・味覚などの多感覚を活かして楽しめる活動を増やしていく。

4）好きな活動から　要求など意思の表出へ
　玩具・本・音楽などお気に入りの物や活動ができると，「もっと」「もういっかい」など要求の表出を引き出せる。また，「あと1回だけ」「○○してから」などと交渉するきっかけもつくりやすい。

サインによる意思表出　　　　　※Ｔは教員

全盲難聴のＥさんからの発信サイン

「おわり」：下に向けた両手のひらを重ねてたたく

「勉強」：片手グー片手パー。パーでグーを包みこんで2回合わせる

「あそぼう」：両手をグーにして手のひら側を内側にしてトントンたたく

「交代」：両腕を交差させる

登校時のやり取り風景

○Ｅさんが初めてサインで要求した「おわり」の場面

「概念形成」の学習を始めることを伝えたとき，Ｅさんは「おわり」の自発サインを出した。そこで，Ｔは「わかった」と伝え，学習を終わりにしてトランポリンに行った。Ｅさんの要求をＴがきちんと受け止めたことをわかってほしかった。

○「あそぼう」のサインの定着と発展

「あそぼう」サインはＥさんがつくり発信し始めたサインだった。今やっていることではなく，自分がやりたい別のことをＴといっしょにしたいとき，「あそぼう」の発信がでると解釈した。「あそぼう」のサインを出したとき，Ｅさんの好きな活動の選択肢をオブジェクトで示すと，その中から選んで笑顔であそぶようになった。「あそぼう」サインを出し始めたころのＥさんは険しい表情で必死に発信していたが，教員間でＥさんの「あそぼう」サインを共有し，自分の「あそぼう」の意思が伝わる人が増えるに連れ，Ｅさんは楽しそうに笑顔でサインを出すようになった。

○YES－NOのサインへの転用

「あそぼう」「勉強」のサインを「YES」「NO」サインに転用することもあり，カレンダーワークで一日の流れを確認するとき，「概念形成」は「NO＝勉強」で「違うことをしたい」，「調理」は「YES＝あそぼう」で「やりたい」，の表出に広がっていった。

○あそぶ相手を選ぶ「交代」

相手をするＴが「交代」するサインは毎回伝えてきた。担当以外のＴといっしょにトランポリンを楽しんでいるときに，Ｅさんから「交代」の発信が出るようになり，Ｅさんがあそぶ相手を選んでいることがわかった。Ｅさんが「誰と」「何をするか」をＴと交渉することや，要求の発信につなげる機会になった。

　「この人といっしょに好きなことをしたい」「わかってもらいたい」と感じ合える関係を築くには，盲ろう児の些細な行動や発信を見落とさずに受け取り，発信に応じてもらえる人としてかかわれることが大切である。

　盲ろう児には，好きな物や活動への固執がみられることもあるが，それをやり取りに活かすこともできる。教員が提案した活動をすれば，次に好きな活動が必ずできるとわかっていけば，新しい活動に挑戦することにつながる。

　盲ろう児の学びにはタイミングを逃せない場面があり，やり取りには時間もかかるため，学校の時間割の流れに沿えないことがある。学びの状況によっては，集団活動の流れから離れることがある点を，教員間で共通理解しておく。

5）感情や感覚の共有・共感

　盲ろう児の要求やYES – NOの意思を読み取ることができたり，指示を伝えることができるようになっても，お互いの気持ちや感覚をわかり合い伝え合う，感情や感覚の共有は，たいへん難しい。

　盲ろう児にとっては，相手の表情や口調がわかりにくく，視線によるコミュニケーションも難しいことが，感情や感覚の交流や共有を妨げる要因となっている。盲ろう児はうつ向きや上向きの姿勢が多く，また，疾病の中には表情の変化がとらえにくい特徴を有するものもあるので気を配りたい。

　場面ごとの子どもの感情や感覚をていねいに読み取り，子ども自身に伝え直すことを繰り返しながら，感情や感覚を自覚し表出できるよう支援する。

　「楽しい」「うれしい」「おもしろい」などの快感だけでなく，「がんばった」「どきどきした」「いたい」「泣いた」「さびしかった」「つかれた」「くやしい」「だいじょうぶ」など，その場の本人の感情を，手話サインなどで伝えていく。

6）予告の繰り返しから予測できる生活に

　盲ろう児は，同じことを繰り返し経験し，実体験を積み上げていくことによって，自分と自分の周りで起きているでき事を理解し，予測して行動することを学んでいく。この習熟には時間がかかり，長い期間をかけて取り組む。

　乳幼児期は，ADL（おむつ替え，食事，風呂など）の度に，これから何をするのか，タッチ・サインやおむつの実物を触らせるなどの方法で伝えていく。生活リズムが整い，協力動作の出現もみられるようになる。

　学校生活の中では，毎回，次の活動（誰とする，どこでする，何をする）を予告する。カレンダーワークで，一日の活動の流れを知る，一日を振り返る，週や月単位の活動の流れを知る，行事の内容や流れなどを知る（図3−7）。スケジュールボックス・写真・絵・文字など，盲ろう児それぞれに合わせた手段で予告を伝え，見通しを立てて生活できるよう支援し，振り返りにも応用する。

7）始めから終わりまで

　盲ろう児には，活動の始まりと終わりが明確にわかるように伝えることを心がける。活動は，最初から最後までの過程を体験できるように準備する。

　例えば，手洗い・着替えなどの身支度の一場面，給食準備から歯磨きまでの一連の流れ，学習の準備から片づけまで，といった一区切りの活動の中で，取り組みやすい内容の手順を選んで，実体験を積み重ねる。ひとまとまりの過程や工程の体験が，因果関係の理解や概念の形成に結びついていく。

盲ろう児一人ひとりに合った手段で
予告したり，振り返りをしたりする。

朝の会：スケジュールボックスで日課を予告　　オブジェクトと点字の日課表　　実物を貼った日記

図 3-7　カレンダーワーク

調理：トマトジュースづくり　　　　　　　　　　　　　　　　　　※Tは教員
　　全盲難聴のFさんの学級では，鉢植えでトマトを育て食するまでの一連の学習を行った。
その中で，トマトジュースをつくる「調理」に取り組んだ。
準備：冷蔵庫から食材を，食器棚から皿や調理器具を，机上に準備する。
　　　机上の材料や調理器具を，確かめる。
味見：始めに完成品の「ジュース」を味見する。（終わりを明確にしておく）
調理：ミキサーにカットしたトマトと砂糖を入れてトマトジュースをつくる。
　　　いらなくなった調理器具はカゴに入れる。ゴミはゴミ箱に入れ（捨て）る。
　　調理の工程を細かく区切り，始めはTの手を触りながら一緒にトマトを切るところから始
め，少しずつ介助を減らしていった。細かい区切りの度に伝えた「できた」（手話）のサイ
ンの意味がわかり，Fさんからも「できた」の発信がみられた。Fさんは，ミキサーに興味
をもち，スイッチのON/OFFの操作で，音や振動を感じて，笑顔で確かめていた。
〇調理学習設定の意味
　　食べることが，生活に密着し身近で楽しい活動だと感じる盲ろう児の場合，調理学習には，
最後に「食べる」という明確な「おわり」があるため，見通しを立てやすく意欲的に課題に
参加しやすい。視覚，触覚，嗅覚，味覚，聴覚など，さまざまな感覚刺激が多く，活用可能
な感覚を楽しみながら学習できる。

8）身体の動きへのアプローチ　移動・歩行へ

　盲ろう児は，視覚・聴覚の刺激が少ないことから，運動発達が遅れる傾向が
みられ，仰臥位・床座位・四肢這いで過ごす時期が長い。子どもが，安心して
移動や探索を始められるように，わかりやすく安全な環境を準備する。

① 教室環境

・床材や壁材の材質や色を変えて，活動の場を区切る：教室内の，着替えスペース・あそびスペース・ストレッチスペースを，手触りや色の異なる床材で区分けする。四肢這いや歩行で移動する際，視覚や触覚で，どこにいるのか，何をする場所なのか，何があるはずなのかを知る目安になる。教室内の物の位置は，原則変えないようにする。

・聞こえに配慮し，静かな音環境を補償する（BGM を止める，静かな部屋）。

・まぶしさに配慮する（ブラインド・遮光カーテン・天井灯への覆いなど）：刺激が多すぎても，盲ろう児の活動に支障が生じる。おもちゃ棚を黒い布で覆う（図3−8），遮光カーテンやブラインドで直射日光を遮る，などの対策を講じる。

・光あそびができる空間（暗幕で暗くできる部屋・暗くできる机の下など）：光あそびや，ブラックパネルシアターなど，集中して見る活動に活用する。

② 行きたい場所・やりたい活動を表す：オブジェクト・キュー

各教室や特別教室の活動とイメージが結びつきやすいオブジェクト・キュー（校内共通の事物やミニチュアなど）を各部屋ドアに設置する。各教室内に同じオブジェクト・キューを並べた棚を準備し，いつでも選べるようにする（図3−9）。

　活発に動ける盲ろう児の中には，見えにくさや聞こえにくさによって周囲の状況がわかりにくいことから，探索行動が活発になったり，危険を伴う行動がみられたりすることがある。そのような行動パターンによって，ASD やADHD と指摘される場合もある。活発な盲ろう児が，なぜ気になる行動をとっているのかを観察し，その起因を慎重に検討して対応していく必要がある。

活発に動く盲ろう児

　弱視難聴のGさんは，強い近視のため視線を合わせられなかったが，適切な眼鏡の処方と装用習慣の定着で視線が合うようになった。始終動き回る行動も，初めての場所や活動の前に，部屋中を探索して，何があるのかを確かめている行動だと理解できた。

　弱視難聴Hさんは，高いところに上りたがり危険だと指摘されていたが，下方視野しか見えないため，高いところから見ると全体が見渡せて安心できているとわかった。新しい場面や場所では，高く抱き上げたり，高い台に乗って全体を見渡しておくなどの対応で，活動や学習に落ち着いて参加できるようになった。

9）支援の連携と継続

① 獲得したコミュニケーション能力の維持

盲ろう児が身につけたコミュニケーションの力や，身につけたスキルを維持発展させていくためには，コミュニケーション手段やスキルを，次の担当チームや，支援にかかわるチームに，具体的に引き継ぎ伝えていくことが必要である。

図 3−8　おもちゃ棚を黒い布で覆い余分な刺激を減らす

全盲難聴Fさんは，就学後単独歩行ができるようになった。
活発な校内探索によって校内地図が身につき，あそびたいことや場所を伝えられるようになった。

身振りサイン　＋　オブジェクト・キュー　　→移動してあそぶ
トランポリン　　　を選んで持つ

→教員が「時間」「終わり」を
　身振りサインとことばで告げる
→教室のオブジェクト・キュー
　を示されて　教室へ帰る

図 3−9　トランポリンをしたい　要求の伝達

②　**進行性疾患の予後に備えて**　　近年，遺伝子検査によって，幼児期に盲
ろう疾患の確定診断を受ける例が多くなってきた。障害が進行する前からの教
育的対応や継続的な支援が必要である。

アッシャー症候群タイプ１（p.21 参照）診断を受けた重度難聴幼児に対する支援
　幼児の時点では見えている視覚であっても，網膜色素変性症によって次第に周辺視野から
見えにくくなるなどの視覚障害の進行が予測される。
　重度難聴のため，早期に人工内耳手術を行い，視覚障害が進行する前に聴力の維持活用を
図り，聴覚学習を開始する。盲ろう受障後も，点字・指文字・音声によるひらがなベースの
コミュニケーションが有効に使えるため，早期から，音声言語によるコミュニケーションや，
文字学習による語音の定着を図る。視覚情報（手話）を重視したコミュニケーションは，生
活の中の活発なやり取りの中で用いながら，手話のひらがな表記も合わせて学習しておく。
　視覚障害の進行を本人は自覚できにくい。薄暗いところを苦手とするような様子で周囲が
夜盲に気づき，暗いところでは手をつなぐ，懐中電灯で照らしながら移動する，暗い部屋は

明るくする，などの対策をとる。まぶしさを強く感じる様子（羞明）にも，遮光眼鏡，帽子，座る位置などで対応する。

　運動面でふらつきやバランスの悪さがあるが，視覚障害が進む前から，積極的に運動し身体づくりを行う。周辺視野の欠損によって，球技など物の動きはとらえにくくなるが，中心視野の残存を活かせる運動（ビリヤード，コースを泳ぐ水泳，ボーリング，シュートなど）の中から，継続できる得意な運動に取り組んでおくとよい。見えにくさによる不得意な活動を周囲も理解し，強要しない。

　自分でできるものや好きなもので自信をつけ，盲ろう受障後も，自尊心を保ち高められるように支援していく。

（4）盲ろう教育に関する研修・研究

1）体験型研修

　盲ろう疑似体験や，手話・身振りサイン・指点字・指文字などスキルの習得は，盲ろう児への実際的な理解を深め，役立てられる。

コラム　盲ろう疑似体験

　参加者は，Ａ（盲ろう児役）とＢ（教員役）の２グループに分かれる。Ａ・Ｂグループは別室で待機する（Ａは控室でアイマスクと耳栓を装着する。Ａには，教員役Ｂの誰と組むか事前に知らせない。）

　　　課題例：○ＢがＡを迎えに行き，挨拶をし合う　　○別の部屋に移動し席に着く
　　　　　　　○おやつを食べ，飲み物を選んで飲む　　○片づける
　　　　　　　○終わりを告げ交代する

疑似体験後，見えない聞こえにくい中で，感じたり混乱したり困ったりした点を話し合う。

　あくまでも擬似的な設定ではあるが，盲ろう児の日常の思いや行動への理解が深まり，盲ろう児とのかかわり合い方のヒントを得られる機会になるとよい。

2）保護者・教員間の情報交換と連携

　盲ろう児を養育する保護者から学ぶ点は大きい。生育歴や教育歴を聞き取る中で，子どもの教育的ニーズの理解と整理が深まる。保護者との連絡の交換をとおして，学校以外の場でのコミュニケーションの内容や手段，興味・関心の変化や広がりを知り，学習の内容や手立てのヒントが得られる。

　盲ろう児の担当教員は，盲ろう児に関する日々の情報を周囲に発信し，周囲から子どもに関する情報を集めて指導に活かす役割も担う。

3）盲ろう教育に関連する研究・研修会

　盲ろう児は全国に点在するため，担当者は身近に相談する専門家や支援機関がなく，盲ろう教育に関する研修の機会を必要としている。

盲ろう教育に関する研究会や，盲ろう児の関係者に向けた教育実践セミナーなどが，対面やオンライン上で開催されているので，活用したい。**有識者会議**の提言にあるように，希少である盲ろう児の指導事例を集める研究・研修によって，盲ろう教育の指導・支援の充実が一層図られる。

有識者会議
p.54 参照。

４）盲ろうに関するネットワーク

友の会・親の会などの活動や，医療ネットや教育ネットの開設がみられ，盲ろう児に関する支え合いや情報の交換・共有に役立てられている。

（５）盲ろう教育の汎用性

一人ひとりの盲ろう児の，学習・コミュニケーションに関する困難さや教育的ニーズと向き合い，適切な教育支援を工夫し積み重ねる中で，盲ろう教育に共通する独自性や，指導上の配慮点が整理されてきた。

盲ろう児は，視覚・聴覚に他の障害も併せ有することが多く，その実践には，多領域の特別支援教育や重度重複障害教育の知見から学ぶことも多い。

盲ろう児に適した環境設定や指導法・指導内容は，盲ろう児と共に学ぶ，障害を重複しさまざまな困難さを有する子どもたちの教育にも汎用性がある。多様な教育的ニーズのある子どもたちに，盲ろう教育の知見が広く役立てられることを期待している。

演習課題
1. 盲ろう児に自分の存在を伝えるための印（ネームサインなど）や合図（簡単な手あそびなど）を考えてみよう。
2. 盲ろう児のコミュニケーション手段として使われる瞬間消失型情報，痕跡型情報とは，どのようなものがあるか。両者の違いを併せて考えてみよう。

引用文献
1) 厚生労働省：盲ろう者に関する実態調査報告書，全国盲ろう者協会，pp.10-13, 2013.
2) 星祐子（代表）：特別支援学校における盲ろう幼児児童生徒の実態調査結果について（速報版），国立特別支援教育総合研究所，p.2, pp.6-7, 2018.
3) 文部科学省：特別支援学校教育要領・学習指導要領解説　自立活動編（幼稚部・小学部・中学部），pp.167-168, 2018.

参考文献
・アマンダ・スタイン：ろう者にとっての手の重要性，横浜訓盲学院，1997.
・中澤惠江（代表）：盲ろう教育における教員の専門性向上のための研究，特総研 b-237 専門研究 B，国立特別支援教育総合研究所，2009.
・東京盲ろう者友の会：知ってください盲ろうについて，東京都盲ろう者支援センター，2010.
　http://www.tokyo-db.or.jp/sittekudasai4.pdf（最終閲覧：2023 年 2 月 20 日）
・横浜訓盲学院：本学院の盲ろう幼児・児童・生徒の教育実践研究−パーキンス盲

学校国際部門との連携を通して－，横浜訓盲学院，2020.

・国立特別支援教育総合研究所：視覚と聴覚の両方に障害のある盲ろうの子どもた
ちの育ちと学びのために－教職員、保護者、関係するみなさまへ－，特総研
B-345，2021.
https://www.nise.go.jp/（最終閲覧：2023 年 2 月 20 日）

・バーバラ マイルズ・マリアンヌ リジオ編著，岡本　明・山下志保・亀井　笑翻訳：
盲ろう児　コミュニケーション教育・支援ガイド，明石書店，2021.

・筑波大学附属学校教育局：盲ろう児に対する指導の充実を目指して，2022.
https://gakko.otsuka.tsukuba.ac.jp/（最終閲覧：2023 年 2 月 20 日）

・中川はすみ：視覚聴覚二重障害の幼児児童生徒の療育と教育，JOHNS Vol.38
No.7，東京医学社，pp.779-783, 2022.

 2　重度重複障害

1　日本の教育制度における重度重複障害児の学びの場

（1）特殊教育から特別支援教育

　2007 年 4 月，学校教育法の一部が改正され，それまでの「特殊教育」から「特別支援教育」へと教育制度が移行した。柘植は特別支援教育について，「これまでの特殊教育では，障害のある児童生徒の『障害の種類や程度』に特に注目してきたが，それらも含めて一人一人の『教育的ニーズ』をていねいに把握して対応していくことになった。つまり，障害の種類や程度のみならず，子どもの視点に立って一人一人をより多角的総合的に見ていこうとする考え方と方法の変化である」[1]と述べている。

　2007 年 4 月 1 日，文部科学省から「**特別支援教育の推進**」が通知されている。そこでは，「特別支援教育の理念」として，「特別支援教育は，障害のある幼児児童生徒の自立や社会参加に向けた主体的な取組を支援するという視点に立ち，幼児児童生徒一人一人の教育的ニーズを把握し，その持てる力を高め，生活や学習上の困難を改善又は克服するため，適切な指導及び必要な支援を行うものである。また，特別支援教育は，これまでの特殊教育の対象の障害だけでなく，知的な遅れのない発達障害も含めて，特別な支援を必要とする幼児児童生徒が在籍する全ての学校において実施されるものである。さらに，特別支援教育は，障害のある幼児児童生徒への教育にとどまらず，障害の有無やその他の個々の違いを認識しつつ様々な人々が生き生きと活躍できる共生社会の形成の基礎となるものであり，我が国の現在及び将来の社会にとって重要な意味を持っている」[2]と示されている。

特別支援教育の推進
文部科学省初等中等教育局長通知（19 文科初第 125 号）。特別支援教育の理念，校長の責務，特別支援教育を行うための体制の整備および必要な取り組み，特別支援学校における取り組み，教育委員会等における支援，保護者からの相談への対応や早期からの連携，教育活動等を行う際の留意事項等，厚生労働省関係機関等との連携に関する内容が通知されている。

この通知による特別支援教育のポイントを整理すると次のとおりである。

> ・一人ひとりの教育的ニーズを把握し，そのもてる力を高め，生活や学習上の困難を改善または克服するため，適切な指導および必要な支援を行う
> ・知的な遅れのない発達障害も含めて，特別な支援を必要とする幼児児童生徒が在籍するすべての学校において実施されるもの
> ・障害の有無やその他の個々の違いを認識しつつさまざまな人びとが生き生きと活躍できる共生社会の形成の基礎となるもの

　以上を踏まえ，障害のある子どもたちの教育にあたるとともに，共生社会の形成に向けた取り組みを進めることが必要である。

（2）障害観の変化と教育

　障害のある子どもたちの教育に取り組むうえで，障害観について把握しておく必要がある。「盲学校，聾学校及び養護学校学習指導要領（平成 11 年 3 月）解説－自立活動編－」では，「障害等のとらえ方と**養護・訓練**とのかかわり」の中で，「従前の養護・訓練の目標でいう『障害』が何を意味にしているかを理解するためには，WHO（世界保健機関）の**国際障害分類**（昭和 55 年）に記載されているインペアメント（impairments），ディスアビリティ（disability）及びハンディキャップ（handicaps）の三つの概念が参考になる。（中略）このような概念で『障害』をとらえた場合，養護・訓練の指導によって改善し，又は克服することが期待されている『障害』とは，主としてディスアビリティの意味での『障害』であることが理解できる。したがって，養護・訓練は，自己認識，環境の認知，身辺処理，コミュニケーション活動，移動・歩行，作業等における『ディスアビリティ』を改善し，又は克服するために必要な知識，技能，態度及び習慣を養い，それによって障害に基づく発達上の遅滞や種々の困難を補い心身の調和的発達を促すことを目標としている」[3] と記されている。

　このように従前の教育では，ICIDH（国際障害分類）に基づいていたが，2001 年世界保健機関（WHO）総会において ICF（国際生活機能分類）が採択され，現在の障害観は ICF に基づいている（図3-10）。ICF は，人が生きていくための機能全体を「生活機能」としてとらえ「環境因子」の観点を示している。生活の三つの要素が低下した状態を「機能障害」「活動制限」「参加制約」としており，障害は健康状態と背景因子（環境因子と個人因子）の相互作用ないしは複雑な関係であるとしている。

　「特別支援学校教育要領・学習指導要領解説　自立活動編」では，「障害の捉え方の変化と自立活動とのかかわり」の中で ICF と自立活動の指導について，次頁のように解説している[4]。

養護・訓練
1971 年学習指導要領の改訂で設けられた教育の領域。「心身の適応」「感覚機能の向上」「運動機能の向上」「意思の伝達」の四つの柱の下に 12 項目がまとめられた。学習指導要領の改訂ごとに内容が見直され，現在の自立活動に至っている。

国際障害分類
ICIDH；international classification of impairments, disabilities and handicaps
1980 年 WHO が障害のとらえ方として発表した。impairments（機能形態障害），disability（能力障害），handicaps（社会的不利）として障害の三つのレベルを示した。

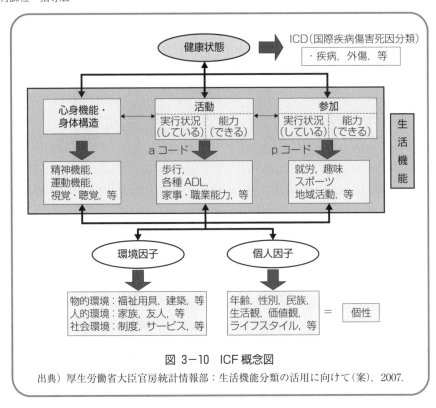

図 3−10　ICF 概念図

出典）厚生労働省大臣官房統計情報部：生活機能分類の活用に向けて（案），2007.

　　自立活動が指導の対象とする「障害による学習上又は生活上の困難」は，WHO において ICF が採択されたことにより，それとの関連で捉えることが必要である。つまり，精神機能や視覚・聴覚などの「心身機能・身体構造」，歩行や ADL（食事や排泄，入浴等の日常生活動作）などの「活動」，趣味や地域活動などの「参加」といった生活機能との関連で「障害」を把握することが大切であるということである。そして，個人因子や環境因子等とのかかわりなども踏まえて，個々の幼児児童生徒の「学習上又は生活上の困難」を把握したり，その改善・克服を図るための指導の方向性や関係機関等との連携の在り方などを検討したりすることが，これまで以上に求められている。（中略）

　　ICF のこのような視点は，実は，自立活動の指導においても考慮されてきた点である。なぜなら，自立活動の内容は，人間としての基本的な行動を遂行するために必要な要素と，障害による学習上又は生活上の困難を改善・克服するために必要な要素を含むものだからである。「人間としての基本的な行動を遂行するために必要な要素」とは，例えば，食べること，視覚や聴覚を活用すること，歩くことなど，生活を営むために基本となる行動に関する要素であり，これらは ICF で示している生活機能に当たるものと言える。後者の「障害による学習上又は生活上の困難を改善・克服するために必要な要素」とは，例えば，視覚障害ゆえの見えにくさを改善する方法を身に付けること，あるいは病気の進行を予防するための自己管理の仕方を学ぶことなどであり，ICF でも障害として示している状態を改善・克服するための要素である。したがって，自立活動の内容は，ICF で示されている「生活機能」と「障害」

の双方の視点を含むものと言える。

　また，自立活動の内容には，例えば，「障害による学習上又は生活上の困難を改善・克服する意欲に関すること。」，「姿勢保持と運動・動作の補助的手段の活用に関すること。」などがあり，ここには，「意欲」といった個人因子や「補助的手段の活用」といった環境因子に関する項目も示されている。

　さらに，自立活動の内容は，個々の幼児児童生徒に必要な項目を選定し，相互に関連付けて指導されることになっており，具体的な指導内容を設定する際に項目相互の関連性が考慮されることになる。このように，自立活動の指導をする際には，生活機能の側面と障害による困難の側面とともに，それらと個人因子や環境因子等とのかかわりなども踏まえて，個々の幼児児童生徒の実態を把握し，具体的な指導内容を設定するのである。

　つまり，自立活動の指導の対象としては，障害による学習上又は生活上の困難を挙げてきたが，その困難を改善・克服するための指導を考えるに当たっては，生活機能や環境因子等も既に考慮してきているのである。ICF の考え方が広く浸透しつつあることを踏まえ，今後の自立活動の指導においては，生活機能や障害，環境因子等をより的確に把握し，相互の関連性についても十分考慮することがこれまで以上に求められていると言えよう。

　したがって，重度重複障害児の教育にあたっても ICF の考え方に基づき，取り組みを進める必要がある。

（3）重度重複障害児の就学

　2013 年 9 月，学校教育法施行令の一部改正による政令（就学相談・就学先決定に関する政令の改正）が施行された。これまで，**特別支援学校の就学基準**に該当する子どもは，原則特別支援学校に就学するとされていたものが，この改正により，可能な限り本人・保護者の意向を尊重し，教育的ニーズと必要な支援について合意形成を行うこととして，就学先を総合的に判断し決定することになった（図3−11）。

　したがって，障害が重度であっても本人・保護者の意見や以降を可能な限り最大限尊重し，教育的ニーズと必要な支援について合意形成を図り就学先を決定することとなる。

　中央教育審議会初等中等教育分科会特別支援教育の在り方に関する特別委員会では，2012 年 7 月「共生社会の形成に向けたインクルーシブ教育システム構築のための特別支援教育の推進（報告）」を取りまとめた。その中には，「障害のある子どもと障害のない子ども」が，「同じ場で共に学ぶことを追求するとともに，個別の教育的ニーズのある幼児児童生徒に対して，自立と社会参加を見据えて，その時点で教育的ニーズに最も的確に応える指導を提供できる，多様で柔軟な仕組みを整備することが重要である。小・中学校における通常の学級，通級による指導，特別支援学級，特別支援学校といった，連続性のある『多様な学びの場』を用意しておくことが必要である」と示されている。また，

補助的手段の活用
座位安定のための椅子，移動のための歩行器，車椅子など，表現活動を豊かにするためにコンピュータの入力動作を助けるための補助用具などが，「特別支援学校教育要領・学習指導要領解説　自立活動編」に例示されている。

特別支援学校の就学基準
学校教育法施行令第22条の3で，視覚障害者，聴覚障害者，知的障害者，肢体不自由者，病弱者について，特別支援学校の就学基準に該当する障害の程度が示されている。第1章第1節 p.1 表1−1参照。

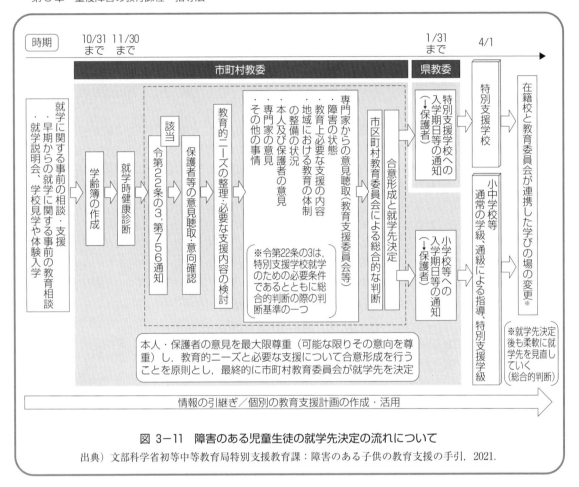

図 3-11　障害のある児童生徒の就学先決定の流れについて

出典）文部科学省初等中等教育局特別支援教育課：障害のある子供の教育支援の手引, 2021.

「障害のある子どもと障害のない子どもが, できるだけ同じ場で共に学ぶことを目指すべきである。その場合には, それぞれの子どもが, 授業内容が分かり学習活動に参加している実感・達成感を持ちながら, 充実した時間を過ごしつつ, 生きる力を身に付けていけるかどうか, これが最も本質的な視点であり, そのための環境整備が必要である」[5] と示しており, このことがインクルーシブ教育システムの本質であり, 特別支援教育が目ざすものであると考えられる。

　大切なことは, 障害のある子どもと障害のない子どもが, できるだけ同じ場で共に学ぶことを目ざすことであり, すべての時間必ず同じ場で学ぶことを前提とはしていないこと, そこで学ぶ子どもは授業内容がわかり学習活動に参加している実感・達成感をもちながら, 充実した時間を過ごしつつ, 生きる力を身につけていけるかどうか, これが最も本質的な視点となることである。

（4）重度重複障害児の学びの場

　障害のある児童生徒の学びの場は, 特別支援学校, 特別支援学級, 通常の学

図 3−12　障害のある児童生徒の義務教育段階における学びの場

出典）文部科学省：共生社会の形成に向けたインクルーシブ教育システム構築のための特別支援教育の推進（報告）　参考資料4　日本の義務教育段階の多様な学びの場の連続性，2012.

級が基本となる。また，通常の学級に在籍し，**通級による指導**を受けたり，学習支援員等を配置して学びをサポートしたりする形態もある（図3−12）。障害の状態や状況の変化により，より適切な学びの場に移行することも現行制度では可能である。そのため，現行（平成29年告示）の学習指導要領では，その制度を円滑に運用できるよう，小・中学校の教育課程と特別支援学校知的代替の教育課程との「学びの連続性」が重視されている。小学部学習指導要領は，「目標及び内容」を学年ではなく3段階で，中学部学習指導要領では2段階で示している。小学部各教科の3段階や中学校各教科2段階の学習が達成されれば，学部に相当する学校段階までの小学校学習指導要領等の教科の「目標及び内容」の一部を取り入れることができるように規定されている。

　重度重複障害児の学びの場については，制度上は上記のすべての学びの場に籍を置くことは可能である。しかしながら，障害の状況，学習上の課題，医療的ケアなどを考慮すると，特別支援学校に籍を置くケースが多くを占めることとなる。特に，障害が重度で通学が困難であったり，入院していたりする場合などは，訪問教育により学習を進めるケースも多い。

（5）特別支援学校の教育課程

　学校教育法第72条には，「特別支援学校は，視覚障害者，聴覚障害者，知的障害者，肢体不自由者又は病弱者（身体虚弱者を含む。）に対して，幼稚園，小学校，中学校又は高等学校に準ずる教育を施すとともに，障害による学習上又は生活上の困難を克服し自立を図るために必要な知識技能を授けることを目

通級による指導
学校教育法施行規則第140条および第141条に基づき，小・中学校の通常の学級，高等学校に在籍する同規則に規定された障害のある児童生徒に対して，特別の場で行う教育形態。

的とする」と示されている。また，特別支援学校小学部・中学部学習指導要領
第1章第3節の3には，教育課程編成における内容等の取扱いとして「各教科，
道徳科，外国語活動，特別活動及び自立活動の内容に関する事項は，特に示す
場合を除き，いずれの学校においても取り扱わなければならない」と示されて
いる。

特別支援学校における教育課程は，小中学校等に準じるとともに，各教科等
に加え「自立活動」を含むこと，また指導計画を作成する際には，**各障害に対
応した配慮事項**に留意する必要がある。

しかし，知的障害のある児童生徒の場合，小中学校等に準じた学習内容では
適切な教育を施すことが難しい。そこで，特別支援学校小学部・中学部学習指
導要領および特別支援学校高等部学習指導要領には，知的障害者である児童生
徒に対する教育を行う各教科が示されている（図3-13）。知的障害を併せもつ
場合，この教育内容をもとに教育課程を編成していくことになる。

重度重複障害児にとっては，小中学校等に準じた教育課程はもちろんのこ
と，知的障害に対応した教育課程でも十分な学びに対応することができない
ケースが多い。上記の学習指導要領に示されている「特に示す場合を除き」と
いう項目が，このような児童生徒の教育課程を編成するうえで対象となる。

「特に示す場合」とは，特別支援学校小学部・中学部学習指導要領第1章第
8節の4「重複障害者のうち，障害の状態により特に必要がある場合には，各

**各障害に対応した配慮
事項**
特別支援学校学習指導
要領では，指導計画作
成にあたっての障害種
ごとの配慮事項が示さ
れており，例えば肢体
不自由では，姿勢や認
知に応じた指導の工
夫，補助具や補助的手
段，コンピュータなど
の活用などが示されて
いる。

小学部の教育課程

各教科						特別の教科 道徳	外国語活動 ※	特別活動	自立活動
生活	国語	算数	音楽	図画工作	体育				

中学部の教育課程

各教科								特別の教科 道徳	総合的な学習の時間	特別活動	自立活動
国語	社会	数学	理科	音楽	美術	保健体育	職業・家庭	外国語 ※			

※　外国語活動および外国語を設けることができる。

図 3-13　平成29年告示学習指導要領における特別支援学校（知的障害）の教育課程

教科，道徳科，外国語活動若しくは特別活動の目標及び内容に関する事項の一部又は各教科，外国語活動若しくは総合的な学習の時間に替えて，自立活動を主として指導を行うことができるものとする」という規定である。つまり，重度重複障害など障害の状況に応じ，教科等の学習に替えて「自立活動」を主とした教育課程の編成が可能となっている。

　「自立活動」とは，その目標として「個々の児童又は生徒が自立を目指し，障害による学習上又は生活上の困難を主体的に改善・克服するために必要な知識，技能，態度及び習慣を養い，もって心身の調和的発達の基盤を培う」と示されている（同第7章第1節）。「特別支援学校教育要領・学習指導要領解説自立活動編」には，「自立活動は，個々の幼児児童生徒が自立を目指し，障害による学習上又は生活上の困難を主体的に改善・克服しようとする取組を促す教育活動であり，個々の幼児児童生徒の障害の状態や発達の段階等に即して指導を行うことが必要である」と記されている[6]。自立活動は，特別支援学校の教育にとって重要な学習内容であり，準じる教育課程を含め設けなければならない教育活動である。

　自立活動の具体的な教育内容の要素は，6区分27項目で示されている（図3－14）。

　なお，自立活動の指導形態として，教育課程上に授業時間を特設して行う自立活動の時間の指導と各教科等の指導において，自立活動の指導と関連しながら行う指導の形態があることに留意が必要である。また自立活動は，個々の児童生徒の実態に応じて必要な項目を選定して取り扱うものであり，そのすべてを指導すべきものとして示されているものではないことに十分留意する必要がある。

（6）特別の教育課程と交流および共同学習

　障害のある児童生徒の教育課程については，学習指導要領等で円滑な学びが継続できるよう工夫されている。前述のように，重複障害児のうち，障害の状態により特に必要がある場合には，自立活動を主とする教育課程が編成できることもそのひとつである。これまで特別支援学校における教育課程について説明してきたが，現行の就学先決定では，重度重複障害児であっても小中学校に在籍することが制度上可能である。ここでは，小中学校における教育課程について解説する。

　学校教育法施行規則第138条では，「小学校，中学校若しくは義務教育学校又は中等教育学校の前期課程における特別支援学級に係る教育課程については，特に必要がある場合は，第50条第1項，第51条，第52条，第52条の3，第72条，第73条，第74条，第74条3，第76条，第79条の5及び第107条の規定にかかわらず，特別の教育課程によることができる」と示されている。

規　定
学校教育法施行規則には，小中学校（普通教育）の各教科，時間数等が規定されているが，障害に応じた特別の指導を行う必要がある場合，この規定によらず特別の教育課程を編成することができることを第138条で規定している。

83

1　健康の保持

（1）生活のリズムや生活習慣の形成に関すること
（2）病気の状態の理解と生活管理に関すること
（3）身体各部の状態の理解と養護に関すること
（4）障害の特性の理解と生活環境の調整に関すること
（5）健康状態の維持・改善に関すること

2　心理的な安定

（1）情緒の安定に関すること
（2）状況の理解と変化への対応に関すること
（3）障害による学習上又は生活上の困難を改善・克服する意欲に関すること

3　人間関係の形成

（1）他者へのかかわりの基礎に関すること
（2）他者の意図や感情の理解に関すること
（3）自己の理解と行動の調整に関すること
（4）集団への参加の基礎に関すること

4　環境の把握

（1）保有する感覚の活用に関すること
（2）感覚や認知の特性についての理解と対応に関すること
（3）感覚の補助及び代行手段の活用に関すること
（4）感覚を総合的に活用した周囲の状況についての把握と状況に応じた行動に関すること
（5）認知や行動の手掛かりとなる概念の形成に関すること

5　身体の動き

（1）姿勢と運動・動作の基本的技能に関すること
（2）姿勢保持と運動・動作の補助的手段の活用に関すること
（3）日常生活に必要な基本動作に関すること
（4）身体の移動能力に関すること
（5）作業に必要な動作と円滑な遂行に関すること

6　コミュニケーション

（1）コミュニケーションの基礎的能力に関すること
（2）言語の受容と表出に関すること
（3）言語の形成と活用に関すること
（4）コミュニケーション手段の選択と活用に関すること
（5）状況に応じたコミュニケーションに関すること

図 3-14　自立活動 6 区分 27 項目の内容

ここに示された「特別の教育課程」とは，障害による学習上又は生活上の困難を克服し自立を図るため，自立活動を取り入れること，児童の障害の程度や学級の実態等を考慮のうえ，各教科の目標や内容を下学年の教科の目標や内容に替えたり，各教科を特別支援学校(知的障害)の各教科に変えたりするなどして，実態に応じた教育課程を編成することである。

　小中学校等や特別支援学校の学習指導要領等では，交流および共同学習の機会を設け，共に尊重し合いながら協働して生活していく態度を育むことが示されている。交流および共同学習は，このようにお互いの交流をとおして人間性を育むことを目的とする交流の側面と教科等のねらいの達成を目的とする共同学習の側面がある。インクルーシブ教育システムを推進するうえでも交流および共同学習は大切な視点になるが，障害のある子どもが障害のない子どもとともに学ぶ場合，授業内容がわかり学習活動に参加している実感・達成感をもちながら，充実した時間を過ごしつつ，生きる力を身につけていけるかどうかという視点を忘れてはならない。そのために，障害のある児童生徒への**合理的配慮**も必要となってくる。障害のある子どもと障害のない子どもが，できるだけ同じ場で共に学ぶことを目ざすべきであるが，共に学ぶことが目的ではない。共同学習による学習成果が得られるか，交流教育をとおして豊かな人間性を育むことができるかという視点をもち，計画的に進める必要がある。

（7）医療的ケア

　2021 年 9 月に施行された医療的ケア児及びその家族に対する支援に関する法律では，**医療的ケア**とは，人工呼吸器による呼吸管理，**喀痰吸引**その他の医療行為であるとされている。その他の医療行為とは，気管切開の管理，鼻咽頭エアウェイの管理，酸素療法，ネブライザーの管理，**経管栄養**，中心静脈カテーテルの管理，皮下注射，血糖測定，継続的な透析，導尿などのことをいう。文部科学省の「障害のある子供の教育支援の手引」では，一般的には，医療的ケアとは，病院などの医療機関以外の場所（学校や自宅など）で日常的に継続して行われる喀痰吸引や経管栄養，気管切開部の衛生管理，導尿，インスリン注射などの医行為をさし，病気治療のための入院や通勤で行われる医行為は含まれないものとされている。

　恒常的に医療的ケアを必要とする児童生徒は年々増加傾向にあり，特に肢体不自由特別支援学校や重度重複障害児では，該当する児童生徒の割合が高い状態にある（第 2 章第 2 節，p.46・47 参照）。

　学校における医療的ケアは，本人が自ら行う場合を除くと大きく三つに分類される。第一に，保護者など家族が行う行為である。保護者など家族が学校に子どもと同行し医行為を行うケースである。現在でも学校に看護師を配置や確保ができないケースなどでは医療的ケアを必要とする児童生徒が登校する場

合理的配慮
障害者が他の者との平等を基礎として全ての人権及び基本的自由を享有し，又は行使することを確保するための必要かつ適当な変更及び調整であって，特定の場合において必要とされるものであり，かつ，均衡を失した又は過度の負担を課さないものをいう。（障害者の権利に関する条約第 2 条）

医療的ケア
医療的ケアについては，第 1 章第 1 節 p.10 ～ 13，第 2 章第 2 節 p.46 ～ 50，第 4 章第 3 節 p.128 ～ 139 も参照のこと。

喀痰吸引
第 1 章第 1 節 p.10 参照。

経管栄養
第 1 章第 1 節 p.10 参照。

合，また宿泊学習や修学旅行など夜間に医療的ケアが必要な場合など，保護者に協力を依頼し同伴を必要とすることがあり，保護者負担の軽減が課題となっている。

　第二に，看護師が行う医行為である。看護師は，医師の指示の下，医療的ケアを行うことができる。もちろん，すべての医行為や治療行為が行えるわけではなく，日常的に継続して行われる医療的ケアについて，医師の指示に基づき実施することができるのである。しかし，現在すべての学校に看護師が配置されているわけではなく，予算措置や人材の確保に大きな課題がある。

　第三に，教員等による医療的ケアである。ここでの医療的ケアは「特定行為」をさす。これは 2012 年，改正社会福祉士及び介護福祉士法が施行されたことにより，介護福祉士が法令に基づいて特定行為を実施できることになったが，その際それ以外の教員やヘルパーなども定められた研修を修了することで，看護師等と連携できる環境であるなどの一定の条件の下で実施できることになったものである。特定行為とは，①口腔内の喀痰吸引，②鼻腔内の喀痰吸引，③気管カニューレ内の喀痰吸引，④胃ろうまたは腸ろうによる経管栄養，⑤経鼻経管栄養の五つであり，教員等はこれ以外の医行為を行うことができない。

胃ろう，腸ろう
第 2 章第 2 節 p.38 参照。

　重度重複障害児の場合，医療的ケアを必要とする児童生徒の割合が高い。したがって，学校生活や教育を行ううえで，医療的ケアを行う時間について配慮した活動を計画する必要がある。また，看護師による医療的ケアを必要とする場合もあるため，学校全体で看護師の巡回方法や教育活動の内容を調整する必要がある。

　重度重複障害児は，医療的ケアを必要とする子どもも含め，日常の健康観察や体調の把握が特に必要である。安心・安全に学校生活が送れるよう，より慎重に教育にあたることが求められている。

2　重度重複障害の学習・コミュニケーションに関する支援

　「重度重複障害」ということばから学習の困難さを連想する人も多いと思うが「重複障害」は，文字どおり障害が重なった状態であり一つひとつの困難さを明らかにしていけば支援の糸口をつかめ，子どもの内面に迫ることができる。

　改めて，学ぶということは，外の世界と自己とのやり取りの中で，新しい知を発見していくプロセスである。自分自身が外の世界に興味をもって能動的に働きかけ，その結果として外の世界が応答するというプロセス抜きには知性の開発の可能性は広がらない。これは障害の有無によらず人が学ぶということの本質である。

　しかし，障害がある子どもたちにとって，外の世界はわかりやすいものとは

限らない。なぜならば，見えにくさ聞こえにくさなどの感覚の障害のため，「やってみたい」という能動的働きかけのきっかけとなりうる外界からの情報を受け取りにくい「情報の制約」や，運動の障害のためやりたくてもやってみることができない「行為の制約」，そして，やりたいことを伝えられない「意思表出の制約」などの困難さが存在するからである。

そのため，障害があると通常の環境では学習が停滞することが多く，学びを進めるためにはその子どもの特性や状態に応じた特別な環境を用意しなければならない。具体的には，困難さに応じて外の世界をとらえやすく教材というわかりやすい形で提示したり，環境を調整したりすることである。

意思表出
自分の思いを相手に伝えること。

（1）見ることを支える

情報の制約をどのように支えるのか。ここでは「見ること」を例にして考えていく。通常，生活するのに必要な情報の約80％は視覚から得ているといわれている。一方，重度重複障害児の中には見えにくさがある子どもが多いという報告がある。視覚情報の処理は複雑で，脳はその40％以上を視覚機能に割り当てていることから，脳への損傷を受けた子どもたちの多くが何らかの視覚の問題を有していることは容易に想像できる。通常の環境では見ることに困難がある子どもでも，完全に視覚がないことはまれで，見やすい環境を整え十分に見る練習をすることで改善がみられる。そのため，支援者は必要な支援を理解し，環境調整や教材づくりに反映させることが重要である。また，眼科との連携も欠かせない。特に眼鏡装用は重要である。解像度の低いぼやけた映像では，例えば牛なのか豚なのかなど対象物の判別がつかずイメージや概念の形成に影響を及ぼすからである。子どもが眼鏡を装用できない場合でも，焦点距離や見やすい視野がわかれば，支援者は適切な提示場所を知ることができる。

焦点距離
対象物にピント（焦点）を合わせられ，鮮明に見える距離。

見えにくさは多様であるが共通する部分もあり，見る力がついてくるにしたがって消失するものもあれば最後まで残るものもある。以下，重度重複障害児の見えにくさの代表的な特徴と支援の手立てを解説する。

1）色の好み

重度重複障害児は，特定の色，特に赤色と黄色のものに強く引かれ，よく見るとの報告がある[7]。そのため，好みの色を調べてその色を日常生活や学習，余暇に使うものに取り入れることが重要である。

2）動くものへの反応がよいこと

静止しているものよりも，動いていたり，キラキラして動いて見えるものに引きつけられる。通常の環境では見る行動が確認できない子どもも，暗室で光って回るおもちゃを提示すると，見ることがある。また，周囲の物体が動いていない場合，自分から頭や身体を動かして視覚刺激を得ようとする子どももいる。

3）見る反応に時間がかかる

最初は何も提示されていないかのように行動するが，十分な時間を取れば，対象物のほうを向くなど，見る行動が起こる場合がある。一般に，見る行動の遅れは，見ることの困難さが大きいほど著しいとされている。目的的に見る活動を積み重ねることで，見るまでの時間が短縮される。

4）ま ぶ し さ

教室に入ると目を閉じて眠ってしまう子どもがいる。その背景には，まぶしさが関係している可能性がある。まぶしくて目を閉じ，その結果，**覚醒**が下がる。そのような場合には，教室を調光することが有効である。子どもはフロアーマットに仰向けになるなど天井の照明を直視する姿勢を取ることが多く，むき出しの蛍光灯ではまぶしいので，照明を不燃紙などで覆い，まぶしさを軽減するとよい。

また，光源の位置にも注意する必要がある。子どもが窓のほうを向いていると，見るものすべてがシルエットになってしまうため，窓を背にするようにする。つねに見せたい対象の奥に光源があたらないようにすることが大切である。子どもの位置の調整が難しい場合には，カーテンや暗幕を使用するとよい。

5）複雑な視覚情報の処理の難しさ

複雑さには，二とおりが考えられる。ひとつ目は「対象物自体の複雑さ」である。対象物の表面に複雑な模様があると視覚的にとらえるのが困難になる。単一色の物体であれば，多くの子どもはそれを見続けることができる。色の好みがわかっている場合には，提示する物体を子どもの「好みの色」と一致させることが重要である。二つ目は「背景の複雑さ」である。対象物が複雑な背景の中に提示されたときや他のものと非常に近くに置かれたときに，視覚的にとらえることが困難になる。そのような場合，背景を整理し，一度に提示するものを少なくシンプルにする必要がある。

教室の背景にも気を配る必要がある。背景に黒布を使うことで，教員などの注目すべき対象を強調できる（図3-15）。給食時にも，黒いお皿を使うことで，食べ物が強調され色味や残量がわかりやすく伝わる。さらに，教員が鮮やかな色のベストを着たりやたすきをかけるとコントラストがはっきりして注目しやすくなる。特に斜めの線は日常的に見かけないため，注意を引く。

覚　醒
脳の目覚めの程度のこと。覚醒が下がるとぼんやりし，上がると興奮した状態になる。覚醒は低くても高くても適切な行動を取ることができない。

図 3-15　黒布で対象を強調

6）視野の偏り

　視野の特定の領域に提示されたものを無視したり，正面に提示したものを見るために頭を回したりすることがある。そのため，本人が，よく見ようとしている行動が，見ることを拒否しているととらえられてしまう可能性がある。そのため，子どもの視野を慎重に評価し，最もよい提示位置を特定することが重要である。運動障害があり，見たい方向に頭を動かせないために視野の制約を受けることにも留意する必要がある。

（2）目と手を使うことを支える

　視覚活用を育てるためにはものを操作する経験が重要だといわれている。そのためには，目や手が使いやすい姿勢をつくることが大切である。姿勢を保持する負担が大き過ぎると，そこばかりに集中してしまい，目や手を使うことに至らない。自分の力で頭や身体を支えることが難しい場合には，**座位保持装置とカットアウトテーブル**が使われる（図3−16）。

　書見台の利用も重要である（図3−17）。効果として，操作性を高められること，シンプルに視覚情報を得られること，**メンタルローテーション**が軽減されることがあげられる。より重度で姿勢保持が難しい場合には，側臥位（横向き寝）を取ることで手元が見やすく手が使いやすくなることがある。また，仰臥位（仰向け）で天井を見る姿勢しかとれない場合でも見ることと操作することを別々に行ったり，カメラとモニターを使って手元が見えるようにしたりする方法もある。重要なのは子どもが取れる姿勢のバリエーションの中で最も手と目が使えるものを選ぶことである（p.93 参照）。

　手が使えない場合も，足や肘の動きなど身体の他の部位を利用すると能動的な動きが出ることがある。また後述するようにスイッチなどの機器を利用して瞬きなどの微細な動きを読み取り拡大する方法もある（p.93 参照）。

　このように，具体物に働きかけながら感覚の使い方や運動のコントロールが上手になっていくプロセスは，手と目を使いイメージや概念を形成して外の世界をより整理された形でとらえるための学習の過程である。学習が進むにつれ，操作の向上だけでなく，自己刺激行動が減ったり，動きにまとまりができたり，待つことができるようになったりと，日常生活における子どもの変化を生む。

　そこで使用される教材は，わかりやすく扱いやすいものでなければならない。具体的には，明確なフィードバックがあり，一見して何をすればよいのかわかるシンプルさや操作のしやすさ，ハイコントラストなどの見やすさ，始点と終点の明確さなどを備えていなければならない（図3−18）。

座位保持装置
自力で座る姿勢を保つことが難しい人のための，姿勢を保持する機能がついた椅子。

カットアウトテーブル
肘がつけるよう胴に当たる部分の天板がU字形にくり抜かれたテーブル。肘で身体を支え，姿勢の安定を図ることができる。手で身体を支える必要がなくなり，細かい操作が可能になる。

メンタルローテーション
机の奥が上，手前が下といったものの位置の空間的な変換など，物体を頭の中で回転させること。

図 3-16　座位保持装置とカットアウトテーブル

図 3-17　書見台

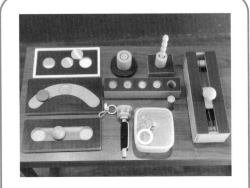

図 3-18　わかりやすく扱いやすい教材

コラム　触ることは怖いこと？

　感覚の制約のため外界からの情報が受け取りにくいと子どもは，自己防衛的になり自分の世界に閉じこもってしまっている場合がある。そのような状況下では何かに手を伸ばして触るという行為自体が自発的には起こりにくい。まずは触り心地のよいタオルなどを提示し，「もっと触りたい」という能動性を引き出すことが重要である。最初から，いろいろな感覚に慣れさせようとザラザラした触り心地の悪いものやスライムなどの独自の感触のものを提示すべきではない。子どもにとって触るのは怖いことかもしれないと想像し，安心して触れるものを見つけることが大切である。

ノンバーバル
身振り，表情，視線，などコミュニケーションにおける非言語の部分のこと。動作の他に身体の特徴や環境なども含まれる。

（3）コミュニケーションを支える

　「コミュニケーション」は，自分と相手の言語表出能力や理解能力，文脈や状況の把握，他者の存在・応答，話題，さらにノンバーバルな要素などがすべて複雑に絡み合って成り立っている。ここでは大きく「状況把握と見通し」と

「意思表出」の二つに分けて解説する。

1）状況把握と見通し

　まず必要なのはていねいな予告である。具体的には，だれ（人），どこ（場所），何（活動），いつ（時間）の手掛かりを受信しやすい形で示し，日常生活のあらゆる場面で見通しをもてるようにすることである。見えにくさがあり，さらに対象物に顔を向けることや手を伸ばして触ってみることができない場合，隣にだれがいるのか，今どこにいるのか，これから何をするのかなど，状況を把握することが困難になる。その結果，子どもたちは本来もっている「わかる力」を発揮できず，見通しのもてない世界の中で，つねに不安で防御的になっているかもしれない。また，状況把握の難しさは，何について話しているのかなどのやり取りの前提となるイメージの共有も困難にする。このような状態にあると，状況の変化に対応した行動が起こせないうちに，他者によって活動が進められてしまうことも多くなる。さらに「意思表出」のための土台も脆弱になる。自分は，どこにいて，隣にだれがいるのか，何をしているのかわからない状態で**自己決定**したり，それを人に伝えたりすることは難しい。

　理解を助ける情報として色を使うことで，さまざまな支援のアイデアが生まれる。例えば，支援者がつねに同じ色の服を着たり，鮮やかな色の腕飾りをつけることで，"だれ（人）"であるかを理解するための手掛かりになる。同様に，"どこ（場所）"の手掛かりとして，教室前に遠くからでもわかるように鮮やかな色の大きな布を吊るす（図3−19），エレベータから降りたときに何階なのかわかるようフロアごとに色分けをする。また，"何（活動）"の手掛かりとして，食事などで使用するカップ・スプーンは使用する子どもが好む色にしたり，活動ごとにテーマカラーを決めて使用したり，スケジュールを提示する際にテーマカラーで色分けするのもよい。布などある程度大きさのあるものは，視野の制約がある子どもにも見える可能性を高め，有効であることが多い。天井にも色の手掛かりをつければ，車椅子のリクライニングで上向き姿勢が多い子どもにも見やすい。

　"だれ（人）""どこ（場所）"の手掛かりに次いで，"何（活動）"を予告すれば，見通しをもって生活するための重要な手掛かりになる。直前に予告すれば，予告と活動のタイムラグがなくわかりやすい。そのため，まずは活動の直前に手掛かりを提示することから始め，一日の流れ，1週間，

自己決定
自分に関することを自分で選び自分で決めること。

図 3−19　鮮やかな色の大きな布を吊るす

１か月へとつなげていくと
よい。活動の手掛かりを並べ
ることは“いつ（時間）”の
手掛かりとなり，時間の流れ
の見通しももてるようにな
る。“何（活動）”の手掛かり
として，それぞれの活動の中
で，子どもが実際に使うもの
や活動の象徴として認識し
ているものを利用すること
が多い（図3−20）。このよう

図 3−20　“何（活動）”の手掛かり

オブジェクト・キュー
第 2 章 第 1 節 p.31 参
照。

な手掛がかりは**オブジェクト・キュー**と呼ばれ，盲ろう児教育の現場では広く
使われている。絵や写真などの二次元のカードでの支援も有効であるが，子ど
もがカードへ注目しているかどうかを支援者が読み取りにくい場合がある。触
ることのできる三次元のカードでは，「提示する→触れる」という流れができ，
子どもと支援者双方にとってわかりやすい。実物は，あらゆる角度からその姿
を観察することができ，わかりやすいという利点もある。実際に，絵や写真
カードには手が伸びないが，半実物カードには手を伸ばし触る子どもが多い。
自分で手を伸ばせない場合にも，カードの上に手を置いて確認することができ
る。

医療的ケア
第 1 章第 1 節 p.2 参照。

　多くの重度重複障害児に必要な**医療的ケア**実施時にも“いつ（時間）”の見
通しがもてるような支援が重要である。喀痰吸引する前に，振動する小型の
マッサージ機などで予告すると，吸引に対する構えができる。吸引後はタオル
で口元を拭い，終わりを伝える。「おしまい」がわかれば，吸引がいつまで続
くのかという緊張から解放される。

　目標決めの活動場面でも，毎日時間割として使っている授業の半実物カード
ならば，二者択一で手を伸ばして触ることで選んでいき重点的に取り組みたい
学習を決めることができる。このように日常生活の文脈の中で，わかる手掛か
りを活動に結びつけることができれば，さらに進んで活動の選択もできるよう
になる。つねに他者に活動が進められることの多い障害が重いといわれる子ど
もたちにも，能動的な日常生活の組み立てが可能になる。

2）意思表出

血中酸素飽和度（SpO₂）
第 2 章第 2 節 p.35 参
照。

パラレルトーク
大人が，子どもの行動
や気持ちの発信を言語
化して返す技法。

　通常は，ことばを投げかけて，子どもの反応を解釈することでやり取りをス
タートさせる。子どもの微細な発信，まばたき，表情，身体の動きに対し，即
座に「何？　どうしたの？」と応答する。より重度の子どもの場合には，脈拍
や**血中酸素飽和度**などの変化を読み取ることもある。同時に子どもの行動に意
味づけをし「○○好きなの？」「○○したいの？」など，**パラレルトーク**で子

どもに代わりことばにして伝える。自分の働きかけに応えてくれることを認識することで，子どもに無力感ではなく「もっとやってみよう」という主体性が生まれる。最初はこちらの応答が間違っていたとしても，やり取りを重ねることで質が上がっていく。また，子どもの反応を待つ場合は，子どもが状況を把握し自分で考える時間を十分取ることも大切である。この時間は，かかわり手にとっても次のかかわり方を考えるうえで大切な時間になる。

　子どもができることを最大限に使ってあらゆる場面で活動の主導権を握ってもらうことを意識するのも重要である。車椅子からベッドに移る介助時に「いち，にい…」と声をかけて子どもの「さん」の合図を待ってから移乗を開始するなど，何かを開始するきっかけを子どもにつくってもらう工夫も有効である。本人が合図を意図的に出せるようになり，相手もそれを読み取れるようになれば，選択肢を音声またはカードなどの視覚情報で提示したときの選択や50音表の行や文字の決定の合図も読み取ることにつながる可能性がある。

　上記のようなやり取りを土台としながら，より高次な意思表出を支援するために機器の利用は欠かせない。よく利用されるのは，本人からの発信を誰にでもわかる形に拡大・代替できる**VOCA（ヴォカ）**である。操作は，ONとOFFを制御できるスイッチを接続して行われることが多い。スイッチは，手や足，頭の大きな動きで操作できるものから，瞬きや口角の動きなど微細な動きで操作できるものもある。また視線や筋電，呼気などを利用する方法もある。子どもとスイッチのマッチングは，理学療法士（PT）や作業療法士（OT）といっしょに行うことが多い。スイッチとVOCAを組み合わせることで，返事，活動の合図，あいさつ，給食発表など，あらゆる場面で使用できる。相手に伝わる経験を積むことで，もっと発信したいという意欲が生まれる。その意欲に身体が呼応するように，微細な動きが，はっきりとした動きに変化したり，ひとつのスイッチしか操作できなかったのが，身体の他の部分も動くようになり二つのスイッチを押し分けられるようになったりすることもある。本人が現在，保有している力とテクノロジーの力を使って，意思表出をすることを**拡大・代替コミュニケーション（AAC）**という。『AAC入門』（p.98，参考文献参照）など多くの文献や実践研究があるのでぜひ参照してほしい。

（4）活動への参加を支える

　障害の有無にかかわらず，学びのプロセスとは，自分で試行錯誤した体験の中から，新しい何かを発見していく過程である。運動の制約があると，自分でやろうと思ったことがうまくできず，能動的に何かをやってみることが難しい場合が多い。そのため，どんなに微細な動きでもよいので，今ある力を最大限に使い「自分でやってみる」という体験を支えるために必須なのが**アシスティブ・テクノロジー**である。一人ひとりに合わせたアシスティブ・テクノロジー

VOCA（ヴォカ）
voice output communication aid
音声出力型コミュニケーションエイドのこと。コミュニケーションすることが困難な人が使用する支援機器。音声を録音しておき再生するものや，パソコンやタブレット端末のアプリなどがある。

拡大・代替コミュニケーション（AAC）
augmentative and alternative communication
コミュニケーションに困難さがある人が，本人の能力（音声，表情，サイン，身振りなど），ローテク（文字盤，絵カード，シンボル，写真など），ハイテク（電子機器など）その他，さまざまな手段の活用によって，自分の意思を相手に伝えることを支援すること。

アシスティブ・テクノロジー
第2章第2節p.42・43参照。

を使い「できる環境と機会」を提供することが大切である。最も使われる機器が，スイッチである。スイッチが利用できれば，参加の方法が多様になり，活動のバリエーションも広がる。例えば，VOCAと組み合わせれば，あらゆる場面でだれにでもわかる発信手段として利用できる。買い物では，「財布の中に電子マネーが入っています。決済してレシートを入れて商品といっしょに戻してください」と録音すれば，スイッチを押して一人で会計が可能になる。簡易的な電動車椅子とつなげば他人に押されるのではなく自分で移動でき，ミキサーやスライサーなどの調理器具につなげば調理に参加することができる。また，**スイッチインターフェース**を使用することでパソコンやタブレット端末の操作も可能になる。提示するときは，**固定具**などで見やすい位置に固定することも大切である。発信手段の確保という面のほかに，年齢相応のコンテンツを提供できるという利点もある。それにより，周囲の大人が子どもの内面理解と可能性に気づく場合も多い。

スイッチインターフェース
さまざまなスイッチとさまざまな機器をつなぎ，機器のスイッチによる操作を可能にする装置。

固定具
タブレット端末などを見やすい位置に固定するもの。車椅子やテーブルへの固定に使うクランプ，設置位置を調整するためのアームと雲台，機器を保持するためのホルダーなどで構成される。

（5）終わりに

「自分でやってみて，できた」という経験が，さまざまな困難さに立ち向かう原動力になる。障害の有無にかかわらず，子どもたちは最良の環境で自分自身の力を伸ばし可能性に気づき，それらをもって社会に出ていく。このことを支えるのが教育に携わる私たちの使命だと考える。

3　重度重複障害児の生活を広げる支援

重度重複障害児はつねに介助・介護・見守りを必要とし，その生活のすべてが「受け身」になる場合が多い。また，機能制限のため自分の力を発揮することが難しく，認知面の発達などの実態もとらえにくい。子どもの発信が弱く，周りをどのように感じているかをとらえにくく，子どもの外界に働きかける気持ちがみえにくくなってしまう。しかし，一人ひとりの子どもたちにかかわっていると，子どもが外界に気持ちを向け，自ら働きかけたいと願っている存在だということがわかってくる。本項では，そのような子どもたちの生活を広げる手立てや支援について考えていく。

（1）子どもが外界に働きかける力を育む

障害の重い子どもが自分から外界に働きかけようとするためには，「自分でできた」と感じられる活動の積み重ねが必要である。自分から外界に働きかけられる手立てを探り，その手段を獲得することは，社会的自立に向けた大きな課題である。

Aさんは，先天性の疾患によって重い機能障害と呼吸障害がある。24時間

酸素療法が必要で医療型の施設に入所し，就学は施設内分教室に毎日通学することになった。施設からは，日中ほとんど眠っており，**随意運動**がみられず，周りをどう受けとめているかわかりにくいという引き継ぎを受けた。入学後，少しずつ日中に目覚めるようになり，音や声が聞こえると少し目を開けるようになった。自立活動で，音や光の変化する教材をとおして働きかけを行ってきた。あるとき，鈴入りの丸いかご型の楽器にＡさんの手をのせた。かごが転がって音が鳴ると，かごを探すように少し手を動かし，その活動を繰り返すと，手元に視線を向けようとするようになった。音の鳴る教材に，しだいに手を動かし手元に視線を向けることが増えてきた。これは，Ａさんが外界に働きかけようとする第一歩となった。その後Ａさんは，わずかな動きで作動するスイッチを活用して教材を動かしたり，さまざまな感触の素材に触れて手を動かしたり，快・不快だけではなく気持ちを表情に表したり，手や口を動かして人とやり取りをするようになった。このような活動の積み上げが，Ａさん自身が生活の主人公になることにつながっていったと考えられた。

（2）教育と生活

　前述のように，子どもが外界に働きかける力を育むことは，障害の重い子どもの教育の大きな課題である。それは，学校教育のすべての場面での目標となる。自立活動で，外界に働きかける手立てやコミュニケーションの土台となる手段の獲得を促すとともに，他の場面ではその力を発揮する場面をつくり，子どもが「できた」と感じられるようにすることが必要である。この子どもたちの教育の場は，通学だけではなく，家庭，施設，病院など子どもの生活の場への訪問教育がある。いずれも子どもの生活を把握し，子どもの生活とつながって教育を進めることが必須となる。

　やり取りの手立てを確立するために，小さな発信を読み取って，ことばで返していくことを積み重ねていく実践が数多く報告されている。子どもが伝えようとしていることをつかむためには，子どもの生活を知る必要がある。生活の中で，子どもが気持ちを向けているものが何なのかを把握しようとすることが，子どもの内面をつかむひとつの糸口となる。また，子どもが力を発揮できるようにすることも大切である。そのためには，子どもの力を，かかわる人たちに伝えることが必要となる。教育・医療・福祉・家庭の連携のひとつの意味である。

　在宅訪問教育では，家庭での子どもの過ごし方，家族とのかかわり，家族が居住する地域の状況，近隣の学校の状況を知ることが必要である。また，日中通所型のサービス，訪問看護や訪問介護サービス，リハビリテーションなど学校以外の過ごし方を知り，多職種と連携することは，子どもの力を発揮する場面を開拓することにつながっていく。

随意運動
自らの意思によって体のさまざまな部分を動かすこと。

表 3-4　Bくんの予定

	月	火	水	木	金
午　前	ホームヘルプ 訪問教育 訪問リハビリテーション(PT*)	入浴サービス	ホームヘルプ	ホームヘルプ 訪問教育	入浴サービス
午　後		訪問教育			
	ホームヘルプ				

*　PT：理学療法
注）他月１回訪問診療，月７日程度のショートステイ利用

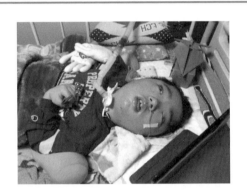

図 3-21　手元中継のタブレットを見ながら鈴を鳴らす

　Bくんは事故後遺症で重い障害を抱え，人工呼吸器を使用しながら家庭で生活し，訪問教育を受けている。Bくんは両親，４人のきょうだい，祖父母を含め大家族で過ごしている。彼の生活は，主に両親によって支えられているが，訪問看護・介護，訪問診療・リハビリテーション，訪問入浴，ショートステイも利用している。Bくんは訪問教育でわずかに動く左手の指でスイッチを操作したり，道具を使ったりすることができるようになり，視線と舌の動きでやり取りをするようになった。

　訪問教育がサービス利用と重なったり，ショートステイ先で訪問教育を実施したり，とBくんにかかわる多職種の人たちとそれぞれかかわる機会をもつようになった。訪問教育の教員がBくんの健康状態などを聞き，教育でBくんがやり取りや手を動かして活動する様子などを伝えたところ，かかわる人たちがケアの際の声かけを重視してくださるようになってきた。

　施設内や病院内での教育は，医療によって子どもの生命が支えられている状態であり，医療が優先される。そのような状況下であっても，施設や病院は，教育を保障するためにさまざまな手立てを講じている場合が多い。

　このように，子どもの生活にかかわる人たちとの連携は，教育で子どもが主体的に活動できるようにするだけでなく，子どもの生活の中で，子どもが気持

ちを外に向けて自分の力を発揮できる場面をつくっていくことにつながる。

（3）障害の重い子どもの生活を支える

　障害の重い子どもの生活の場となる家庭，施設，病院などでは，子どもが生命を維持するために，24時間にわたるケアやサポートが必要となる。

　家庭で生活する場合，子どものケア，介護の担い手は保護者が中心となる場合がほとんどで，子どもと家族の生活を支えられるシステムを構築することが必要となる。医療機器の管理，医療機関の受診，訪問看護やヘルパーによるケア，そして，家族の負担を軽減するためのレスパイトケアが主な柱となる。

　しかし，福祉サービスは地域によってかなり格差が大きい。それらのサービスをコーディネートし，各家庭に応じてアレンジすることが必要となる。

　家庭での生活を支えるサービスには，訪問診療，訪問介護，訪問看護，入浴サービス，ショートステイ，通所事業（医療型児童発達支援センター）などがあげられる。そのコーディネートは主に地域相談員が担っているが，サービスは地域ごとで異なり，特定の医療機関や福祉事業所のケースワーカーやサービス管理者などが請け負い，時には保護者自身がコーディネートする場合もある。

　Ｃさんの生活は，毎日の訪問介護，週2回の訪問入浴，週1回の訪問リハビリテーション，月1回の主治医の訪問診療，隔週のショートステイ利用によって支えられている。これらのサービスは，近隣の医療型入所施設をもつ社会福祉法人の事業である。それらを自治体委託の相談支援担当者のコーディネートでサービス利用につなげ，その後法人のケースワーカーがその中心になった。しかし，体調や家族の変化などに対応するためにサービスの見直しが必要になることは少なくない。Ｃさんの家族に変化があったとき，担任教師に相談があった。そこで「こんなことしてもらえるか，○○さん（相談支援担当者）に電話してみたら」と話したところすぐ連絡をとり，具合的な対応を進めることができた。

　家族は，急な変化に対しどのように対応すればいいのか迷う場合があり，担任教師がその相談を受けることもある。サービス利用の状況や，福祉・医療の制度を知っておくこと，どのような手立てがあれば対応できるのかを提案できることが必要である。以上のような連携は，学校卒業後の進路を考えるうえでも重要である。卒業後の生活は，家族や地域の医療・福祉サービスの状況に影響を受ける。福祉制度は，児童から成人のサービスに移行する。家族が，子どものことを相談できるシステムを把握できることが重要である。また，教育で培った力を連携した他職種の人たちと共有することで，卒業後もその力を発揮できるような生活を築くことが可能となる。教育からの移行をスムーズに，そして培った力を卒業後も発揮して過ごすことができるように，家族だけが抱えるのではない卒業後の生活を，学校時代から見通して家族と共有していくこと

レスパイトケア
常時介護を行っている家族が一時的に介護からはなれて休息できるように，その間の当事者の介護を代理の機関や公的サービスが担って一時的に介護を行うこと。ショートステイサービスや通所サービス，レスパイト入院などがある。

が必要である。

演習課題

1. 「特別支援学校教育要領・学習指導要領解説　自立活動編」を参考にして，重度重複障害児の自立活動の指導について，具体的な授業内容を考えてみよう。
2. 重度重複障害児が小・中学校に就学した場合に必要な配慮事項や支援について，「特別の教育課程」「交流および共同学習」などの観点から具体的な取り組み内容を考えてみよう。
3. 重度重複障害といわれる子どもたちの学習が停滞する背景にはどのようなことが考えられるか，具体的に記述してみよう。
4. 重重度重複障害といわれる子どもたちの学習の停滞を改善するためにはどのような工夫が考えられるか，具体的に記述してみよう。
5. 子どもが外界に働きかける力をはぐくむために，教育ではどのようなことができるか，具体的に考えてみよう。

引用文献

1) 柘植雅義：特別支援教育 多様なニーズへの挑戦，中公新書，pp.21-22，2013.
2) 文部科学省初等中等教育局長通知：特別支援教育の推進，2007.
3) 文部省：盲学校，聾学校及び養護学校学習指導要領（平成 11 年 3 月）解説－自立活動編－（幼稚部・小学部・中学部・高等部），海文堂出版，pp.7-8，2000.
4) 文部科学省：特別支援学校教育要領・学習指導要領解説　自立活動編（幼稚部・小学部・中学部），pp.13-15，2018.
5) 文部科学省中央教育審議会初等中等教育分科会特別支援教育の在り方に関する特別委員会：共生社会の形成に向けたインクルーシブ教育システム構築のための特別支援教育の推進（報告），2012.
6) 文部科学省：特別支援学校教育要領・学習指導要領解説　自立活動編（幼稚部・小学部・中学部），p.40，2018.
7) 国立特別支援教育総合研究所：特教研 B-227 平成 18 年度～ 19 年度課題別研究成果報告書，重複障害児のアセスメント研究－自立活動の環境の把握とコミュニケーションに焦点をあてて－，2008.

参考文献

・文部科学省：障害のある子供の教育支援の手引～子供たち一人一人の教育的ニーズを踏まえた学びの充実に向けて～，2021.
https://www.mext.go.jp/a_menu/shotou/tokubetu/material/1340250_00001.htm（最終閲覧：2023 年 1 月 5 日）
・日本育療学会（編著）：標準「病弱児の教育」テキスト　改訂版，ジアース教育新社，2022.
・日本肢体不自由教育研究会編：肢体不自由教育の基本とその展開，慶応義塾大学出版会，2007.
・中邑賢龍：AAC 入門，こころリソースブック出版会，2014.
・水口浚：障害児教育の基礎，ジエムコ出版，1995.
・平本歩：バクバクっ子の在宅記　人工呼吸器をつけて保育園から自立生活へ，現代書館，2017.
・細渕富夫：障害の重い子どもの発達と生活，全障研出版部，2020.

第4章
重複障害児者の生涯発達支援

1 重複障害児者の自立支援

1 先天性盲ろう児者

（1）先天性盲ろう児の学びの現状

　現在，日本には盲ろうに特化した教育を行う特別支援学校はなく，盲ろう教育の専門家は少ない。また，専門の教員養成のシステムはなく，任意で参加できる研修会がいくつかあるのみであり，多くの学校では手探りで教育が行われていると思われる。以上のことから，現在，盲ろう児は十分とはいい難い教育環境にあるといえる。

　また，たとえ教育体制が整ったとしても，偶発的な学習が困難な盲ろう児がさまざまなことを理解していくためには，体験を繰り返して一つひとつ地道に積み上げることが必要であるため，膨大な時間を要する。このことから，多くの先天性盲ろう児にとっては，学齢期を終える18歳までの教育だけでは学びの時間は足りないといえるだろう。

（2）学齢期を終えた先天性盲ろう者の現状

　「盲ろう者に関する実態調査報告書」（全国盲ろう者協会，2013）によると，回答のあった盲ろう児者のうち，8%に当たる219人が先天性盲ろう者であった。そのうち，61.2%に当たる134人が視覚聴覚障害以外の障害を併せ有している。日中の過ごし方は，家庭内が43.9%，福祉施設への通所や入所が40.6%となっている。家庭で過ごす先天性盲ろう者の多くはホームヘルパー，**ガイドヘルパー**（同行援護，行動援護），盲ろう者向け通訳介助者を利用している。近年，各地の盲ろう者友の会などが運営する同行援護事業所が開設され，盲ろう者向け通訳介助員の知識のあるガイドヘルパーが少しずつ増えてきていることは，先天性盲ろう児者にとっても生活の幅を拡げるひとつの要因となってい

ガイドヘルパー
正式名称は「移動介護従事者」。何らかの障害によって一人での外出や移動が難しくなった人に対し，外出同行をはじめとしたあらゆる移動支援サービスを提供する。

る。

　ただ，ホームヘルパー，ガイドヘルパーの資格認定講習カリキュラムにおいて盲ろうについて学ぶ項目はなく，「盲ろう者向け通訳・介助員養成カリキュラム」（厚生労働省，2013）では，先天性盲ろう児者の実態や支援方法に関連する内容としては「盲ろう児の教育と支援」（2時間），「他の障害を併せ持つ盲ろう者の生活と支援」（2時間）が設定されているものの，それらはいずれも選択科目である。利用施設については，盲ろう者に専門的に対応できる施設は，全国的にみても非常に少なく，多くの先天性盲ろう者は身体障害，知的障害等の施設を利用しているということになる。このような支援者養成や施設の現状から，先天性盲ろう者に対応した支援の受けられる環境は，十分には整っていないと考えられる。

　2003年に設立された「盲ろうの子と家族の会『ふうわ』」では，設立時に子どもであった先天性盲ろう者が，現在20〜30歳代となっている。家族からは，学齢期を終えた先天性盲ろう者の生活について「学校ではマンツーマンで先生が付いてくれていたが，施設では人手が足りず一人で過ごす時間が長くなっている」「学校で受けた教育を活かせるような生活ができていない」「任せられる支援者が少ないために，生活が単調になってしまっている」「暇な時間が多すぎて，過食が止まらなくなった」「意思疎通がうまくいかないことが原因と思われる，行動の問題が出てきた」などの話が聞かれることが多い。また，卒業後に見え方や聞こえ方に変化が生じたことによる本人の状態の変化に対して専門的なアドバイスが受けられず，家族も本人も生活の困難を抱えている場合もある。

　このように，少しずつ前進しているものの，先天性盲ろう児者の支援ニーズに対応した社会資源は乏しいといえるだろう。

（3）先天性盲ろう者のQOL向上と生涯学習

　それでは先天性盲ろう者にとって，学校卒業後どのように過ごすことが彼らのQOL向上につながるのだろうか。福井県の光道園では，全国から多くの成人盲ろう者を受け入れている。ここでの生活は，活動と学習が大きな柱であることが報告されている[1]。また，先天性盲ろう児者の家族が中心となってつくった神奈川県の地域作業所「わくわくわーく」の設立メンバーである母親は「彼らの成長と学びには，周囲の人々の愛情と理解に満ちた係わり合いと，とても多くの時間が必要です。きわめて限定された感覚しか使えない彼らにとって，18歳で学校を卒業するまでの期間はあまりにも短いのです」と述べ，「毎日通う作業所の中で，必要な学びをゆっくり続けられるように」「学生時代に培ってきたコミュニケーション等の力を十分に発揮して生きていくよう引き継ぎ受け止めるように」との願いを語っている[2]。

　このように，彼らの人生の質を高めることを考えるとき，「学び」がキーワードとしてあげられる。折しも 2017 年 4 月，2014 年の障害者の権利に関する条約の批准（障害者の生涯学習の確保が規定）や 2016 年 4 月の「障害を理由とする差別の解消の推進に関する法律」（以下，障害者差別解消法）の施行を経て，当時の文部科学大臣が「特別支援教育の生涯学習化に向けて」というメッセージを発信した。文部科学省は「障害者学習支援推進室」を開設，「学校卒業後における障害者の学びの推進に関する有識者会議」を設置した。ここでは「誰もが必要な時に学ぶことのできる環境を整備し，生涯学習社会を実現するとともに，共生社会の実現に寄与するため，学校卒業後の障害者の学びに係る現状と課題を分析し，その推進方策について検討を行う」としている。これを受け，今後，盲ろう者においても生涯学習の仕組みが整備されることが期待される。

（4）先天性盲ろう児者の生涯学習の場

　地域に住む先天性盲ろう児者を中心とした地域活動を行っている団体が全国にいくつかある。埼玉県の「ヘリコプターの会」，神奈川県の「ゆりねの会」，奈良県の「トーマサの会」，兵庫県の「夢ふたば」，徳島県の「徳島盲ろう者友の会ふうわ部会」などがあげられる。この中から，筆者がかかわっている徳島県の事例を紹介する。

1）徳島県の取り組み

　徳島県盲ろう者友の会は 2000 年 5 月に設立し，当時学齢児であった先天性盲ろう児とその家族は「キッズ部」と称して会員となり，大人の中途盲ろう者とともに活動してきた。ただ，多くの先天性盲ろう児者は，場所や状況の把握に時間がかかったり，慣れるのが難しかったりする。周囲からは温かく受け入れられ尊重されているものの，成人の中途盲ろう者中心に企画された行事では，彼らが意義のある時間を過ごすことが難しかった。もと「キッズ部」の先天性盲ろう児が学校を卒業し，コミュニケーションや余暇活動の少ない生活となって，一層そのような傾向が顕著になってきた。

　家族は，友の会とのつながりをもっていきたいと思う一方で，わが子にとっては逆に負担になっているのではないかという思いが募り，先天性盲ろう児者に合わせた活動があってもよいのではないか，と考えるようになった。家族の願いは「学校卒業後も生涯をとおして，本人が，わかる，楽しいと感じられる活動を行い，成長できる機会がほしい」「本人の微細な発信から気持ちや意思を読み取り，意義のある時間を過ごすための方策を家族とともに考えてくれる，よきパートナーとしての支援者が増えてほしい」「仲間と悩みや喜びを共有したい」というものであった。そこで 2017 年度，盲ろう者友の会の中に先天性盲ろう児者 4 名の活動グループ「ふうわ部」をつくり，活動を始めることとなった。

活動は，月1回，調理と各自の好きな活動を柱として行っている。活動では，盲ろう者向け通訳介助員，特別支援学校教員，大学生などが，母親と盲ろう児者とのかかわりから個々に合った支援の方法やポイントなどを学び，支援にあたる。盲ろう児者1人に対してできるだけ支援者は固定するようにし，核となる支援者グループの形成を目ざした。

活動を始めるにあたり，土谷[3]によって紹介された，欧州の盲ろう教育の専門家グループによる先天性盲ろう児のコミュニケーションアプローチの考え方である**共創コミュニケーション**の理論を参考にした。これをもとに，筆者らは「通訳介助をできるだけしない（すべていっしょにする）」「ゴールを目ざしすぎない（過程をていねいに経験する）」「トラブルを回避しすぎない（トラブルも貴重な経験。心の揺れを共有していっしょに解決策を考えて乗り越える）」「本人の思考の流れを邪魔しない（じっと止まって考えているときはそっと見守る）」「本人の"もっとやりたい""楽しい"を大切に（時間制限はない。でも意味のあることと無意味なことを見極められる力をもつ）」をモットーに「びっくりすることがあってもアハハと笑おう」という気持ちでかかわることにした。

2）活動をとおして見えてきたこと

①　本人たちへの理解　　この活動は，とりあえず数か月は同じ活動を繰り返し行い，その後活動の内容は大きな変更を行わず緩やかに変化させていった。それは，先天性盲ろう児者が新しい経験を自分の中に取り込むには繰り返し行うことやじっくりと時間をかけることが必要であると考えたためである。

ビデオ記録を詳細に分析してみると，繰り返すことにより，盲ろう児者は調理等の材料や道具，動作についての知識を定着させ，手順を理解し，自発的な行動が多くなっていった。一連の作業のスクリプトが本人の中に形成されると，見通しをもつことができるようになり，不安を感じることなく活動に取り組むことができるようになる。このことによって余裕と自信が生まれ，楽しそうな表情がみられるようになった。いっしょに活動している仲間や支援者ともなじみとなり，自らかかわろうとする行動も現れた。そして家族や支援者は，「彼らは繰り返すことにより，わかるようになる」「新しいことを学びたがっている」ということを認識するようになった。

②　家族といっしょに活動することの意義　　意思疎通が困難な先天性盲ろう児者の支援は，関係づくりから始まる。視覚と聴覚の情報が入らない，もしくは入りにくい状態で，盲ろう児者は新しい人的・物的環境に対する警戒，おそれをもつことが多かった。拠点となる人や物，場所によって得られる安心感を土台に，新しい環境への一歩を踏み出すことが，先天性盲ろう児者にとっては最もスムーズな行動や関係の広げ方であるといえよう。この活動では，最も安心できる存在である家族が常にいっしょに参加した。支援者は，家族から支援の具体的な方法を学ぶことができたことに加え，盲ろう児者がリラックスし

共創コミュニケーション
欧州の盲ろう教育の専門家グループによって理論構築と実践の推進が行われている先天性盲ろうである子どものコミュニケーションアプローチの考え方。詳細は引用文献3)(p.113)を参照。

て本来の能力を発揮して活動する姿に接することができたことにより，かかわり方のポイントが明確になったものと思われる。

　③　**家族にとっての意義**　　盲ろう児者の家庭では，盲ろうである子の負担を懸念して，余暇活動を含む生活に少なからず制約を受けている。活動を通じて，彼らのペースや彼らの新しいこととの出会い方や楽しみ方を熟知し，歩みを支えられる支援者が広がり，盲ろう児者自身が新しいことに出会うときの対処法を身につけて世界が広がることの楽しさを知ることにより，共に暮らす家族の QOL の向上も大いに期待される。

　また，家族同士の交流の機会をもつ機会ともなっている。

　④　**地域で支えることの意義**　　学校の担任は毎日長い時間をいっしょに過ごすが，数年で替わってしまう，いわば太く短い関係であるといえる。これに対し，地域の支援者はたまにしか会わないが，成長過程を見守り，途切れることなくかかわりを続けていくことができる，細く長い関係といえる。幼いころからなじみの支援者は，長い人生を支える貴重な存在になることだろう。長い期間馴染んだ学校を卒業して生活が一変する際にも，変わらず続く地域の支援者や活動が，変化による混乱を少しでも軽減するための拠り所となることができるのではないだろうか。

　また，新しい環境に慣れることに時間のかかる先天性盲ろう児者にとっては，これまで生きてきた場所を拠点として，なじみの場所や人間関係を一歩一歩広げていくことが，安心と自信，自立につながるのではないだろうか。

　このようなことから，地域での活動を継続して行うことの意義はきわめて大きいと考えられる。先天性盲ろう児者の人数は少ないが，成人中途盲ろう者が中心となって設立，活動が行われている「盲ろう者友の会」はほぼ全国各都道府県に設立されている。地域における先天性盲ろう児者支援の核となることが期待される。

（5）終わりに

　盲ろう児者の日常生活は，孤独に過ごす時間がとても長い。その中で，嫌だったことを繰り返し思い出したり身体の不調が気になったりすると，穏やかに過ごせなくなることは想像に難くない。十分とはいえないまでも自分の気持ちが受け止められ，満足できる体験をしたことが本人にとってよい思い出となれば，繰り返し思い出して長い孤独な時間をハッピーな気持ちで過ごすことができるのではないか，と活動に参加する仲間で話し合ったことがある。彼らが学齢期終了後の長い人生を豊かな気持ちで過ごすことができるよう，共に歩んでいける仲間でありたい。

2 人工呼吸器利用児者

（1）人工呼吸器の利用

身体の障害が重く，自発呼吸が困難な人の場合，人工呼吸器を装着して常時呼吸支援が行われる。機械式の人工呼吸器は電子回路やバッテリーなどの技術発展により小型化し管理も容易になった。この管理設定が比較的容易な人工呼吸器を使用することで，SMA（脊髄性筋萎縮症），ALS（筋萎縮性側索硬化症），筋ジストロフィーなどで自発呼吸が困難な人も自宅で生活できるようになり，また車椅子・ストレッチャーなどの移動体での利用も普及してきた。人工呼吸器の利用は学校をはじめ一般社会場面でもみられるようになってきたのである。

図4-1は，在宅利用の人工呼吸器の一例である。軽量・多機能な人工呼吸器「トリロジー100 plus」（株式会社フィリップス・ジャパン）とパルスオキシメーター「メドトロニック　ネルコア N-BSJ」を利用している。図4-1では，血中酸素飽和度（SpO_2）は99%で良好な状態を示している。外出の際は，これらに一般販売されている大型のモバイルバッテリーを利用し電源供給できるようにしている。

人工呼吸器利用には，鼻マスクなどを使用して実施する方法（NPPV）と，気管切開をして実施する方法（TPPV）がある。気管切開を実施した場合，声が出しにくくあるいは出せなくなり音声会話が困難になる，喀痰吸引（痰の吸引）や気管チューブ，気管切開部の管理が必要になる。音声以外のコミュニケーション手段としてはまばたきなどによるサイン，視線入力ボード，口文字，電子機器による代替コミュニケーション手段が用いられる。

（2）人工呼吸器利用者の就学

人工呼吸器を利用する子どもの就学や教員の医療的ケア対応については，本章第3節を参照されたい（p.128参照）。文部科学省は2019年3月に「学校における医療的ケアの今後の対応について（通知）」において，小・中学校等

図 4-1　在宅利用の人工呼吸器の例
トリロジー 100 plus
（株式会社フィリップス・ジャパン）

を含むすべての学校における**医療的ケア**の基本的な考え方，実施する際に留意すべき点などについて整理，通知した。小学校等の通常の学校においても体制整備が進められるようになったのである。

　SMA のため常時人工呼吸器を利用する田中茜吏さんは，2003 年から地域の幼稚園小学校中学校に在籍してきたが，当時は前例も少なく，保護者と学校・市教育委員会の努力によって実現した先進的な事例であった。詳細は，『あかり，みんなといっしょ―脊髄性筋萎縮症の少女，地域の学校で学ぶ』[4] を参照されたい。

　現在は前記のように医療的ケアが実施できる法体制が整えられ，人工呼吸器を装着した子どもの保育所・幼稚園，小中高等学校への就学も増えつつある。「令和 3 年度学校における医療的ケアに関する実態調査結果」（文部科学省，2022)[5] によると，人工呼吸器管理の必要な幼児児童生徒は特別支援学校で通学生 596 人，訪問教育生 938 人，幼稚園と小中高等学校の通常の学級で 31 人，特別支援学級で 78 人と報告されているが，通常の学校への就学がまだまだ少なく保護者の負担も大きい。また，人工呼吸器を使用する児童生徒は全国に散らばっていて，地域の学校では就学や学習に関する情報も少ないのが現状である。「**バクバクの会**」は人工呼吸器をつけた子の親の会で，さまざまな情報提供や保護者支援を行っている。人工呼吸器を使用する児童生徒の中には身体をほとんど動かせない例も多い。その場合，コミュニケーション装置，対応するPC など**アシスティブ・テクノロジー**機器の活用が必要となる。地域の学校ではこういった専門情報も少なく，特別支援学校のセンター的機能や親の会の情報提供や支援が重要となる。

（3）人工呼吸器利用者の外出

　人工呼吸器の発展により，移動体での利用が容易になってきた。また，2014 年のわが国の障害者の権利に関する条約批准に伴い，さまざまな法制度も整備されてきた。障害者差別解消法（2013）は 2021 年に改正され，民間企業の「合理的配慮」も法的義務を有するものとなった。

　田中さんは，自身のストレッチャー（移動用ベッド）での旅行などについてFacebook や講演で紹介している。田中さんは視線入力で PC の操作を行い，Facebook の投稿やプレゼンテーションの作成を行っているが，簡単なメッセージのやり取りやアプリ操作は iPad の**指伝話**（ゆびでんわ）（有限会社オフィス結（ゆい）アジア）を用いている。外出先では，スイッチ入力により作成した文章を提示したり，人工音声を発したりして会話を行う。

　図4-2 は，新幹線での移動中のものである。鉄道は体制整備がされていて比較的移動が楽であると述べている。近年，**新幹線の新たなバリアフリー対策**では，「ストレッチャー式車椅子を含む大型の車椅子の方が 2 人以上で利用可

筋ジストロフィー
筋肉の筋線維の壊死，再生を主な病変とし，進行性の筋力低下を認める遺伝性疾患の総称。症状によりさまざまな型がある。デュシェンヌ (Duchenne) 型は 3〜5 歳で発症し 10 歳ころに車椅子生活となる。進行により呼吸療法などが用いられる。

NPPV
noninvasive positive pressure ventilation
非侵襲的陽圧換気療法。
気管挿管や気管切開を伴わない陽圧換気のこと。自発呼吸ができ，気道が確保されていることが前提で実施される。鼻マスク，口鼻マスク，顔マスクが使用される。

TPPV
tracheotomy positive pressure ventilation
気管切開下人工呼吸療法。
気管切開により気道確保し呼吸補助を行う方法。カニューレの管理では，気管出血・肉芽・潰瘍などの合併症の可能性や会話がしづらいなどの短所もある。

医療的ケア
第 1 章第 1 節 p.2 参照。

バクバクの会
人工呼吸器をつけた子の親の会。1989年発足。人工呼吸器とともに生きていくさまざまなライフステージや，各種制度についてなど，情報提供している。
https://www.bakubaku.org/

アシスティブ・テクノロジー
第 2 章第 2 節 p.42・43 参照。

指伝話
有限会社オフィス結アジア制のiPadコミュニケーションアプリ。カードタイプの指伝話メモリ，ことばタイプの指伝話プラス，文字盤タイプの指伝話文字盤などがあり，用途によって使い分けられる。
https://www.yubidenwa.jp

国土交通省　新幹線の新たなバリアフリー対策（2021年7月）
車椅子用フリースペースについて「少なくとも2人以上の方が車椅子に乗ったまま窓際で車窓を楽しめること」「ストレッチャー式車椅子を含む大型の車椅子の方が2人以上で利用可能なこと」などを要件として一般客室に設けることとしている。
https://www.mlit.go.jp/tetudo/tetudo_tk7_000018.html

ANAガイド　おからだの不自由なお客さまへ
飛行機搭乗の際，ストレッチャーをご希望のお客様
https://www.ana.co.jp/ja/jp/guide/flight_service_info/assist/medical-stretchers/

日本ALS協会
神経難病「筋萎縮性側索硬化症」の患者と家族を支援する団体。1986年に設立。全国に支部がある。
http://alsjapan.org

能なこと」が記載され，ストレッチャーでの移動が特別な例ではなくなってきている。

田中さんは飛行機の利用についても報告している（図4-3）。一例をあげると，ANAは機内用ストレッチャーと専用配置スペースを用意している。航空機内では人工呼吸器用の電源は持参のバッテリーしか使えないなどの制限はあるが，ストレッチャー利用者向けのWebページも用意され，初めての利用者もわかりやすい説明がされている。

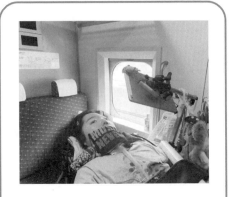

図 4-2　新幹線での移動
（田中茜吏さん提供）

（4）人工呼吸器利用者の情報発信

広島県の歯科医の三保浩一郎さんは日本ALS協会理事・広島県支部の支部長として知られる。三保さんは講演や大学などで講義，新聞雑誌など

図 4-3　飛行機での移動
（田中茜吏さん提供）

での著述のほか，FacebookやWebを通じてALS当事者の視点から重度障害者の社会参加について情報発信している。視線入力で作成されているamebaブログ「ALS恐るるに足らず　歯科医が綴るALS考」（初出　広歯月報）の「人工呼吸器考」の章では，人工呼吸器の仕組みや使用感について当事者の立場からわかりやすく解説している。

三保さんは積極的に外出し，交通機関，道路，観光地，レストランなどのバリアフリー状況について報告を続けている。図4-4はMAZDA Zoom-Zoomスタジアム広島でのプロ野球観戦の様子である。視線入力装置で文章を作成し，応援もしている。同スタジアムは人工呼吸器の電源供給や視線の確保など行き届いた対応がなされていると報告されている。

（5）人工呼吸器利用者の一人暮らし

24時間の介護支援を受けて一人暮らしをする人工呼吸器利用者も増えてき

た。人工呼吸
器利用者では
ないが，熊本
県の「寝たき
り芸人」あそ
どっぐさん
は，一人暮ら
しの重度障害
者の先駆けの
一人で，障害
のある子ども
たちの憧れで

図 4-4　MAZDA Zoom-Zoom スタジアム 広島での観戦
（三保浩一郎さん提供）

ameba ブログ「彷徨
える歯科医」
三保浩一郎のブログ。
広歯月報（広島県歯科
医師会）連載の「AL
S恐るるに足らず　歯
科医が綴るALS考」
などの記事も転載され
ていて，人工呼吸器等
の使用者の立場からの
考えを知ることができ
る。
https://ameblo.jp/
field-day-jikkouiinn/

あそどっぐ
「お笑い芸人界で初の
寝たきり障害者」を名
乗る。バリバラ（NHK
教育テレビ）の準レ
ギュラー。2020 年バ
リバラ SHOW-1 グラ
ンプリではハウス加賀
谷さんとコンビを組み
優勝している。
Youtube のあそどっ
ぐチャンネルでは毎週
コントを発信してい
る。
https://www.youtube.
com/c/asodog33

ある。あそどっぐさんは，「第 64 回全国肢体不自由教育研究協議会・第 55 回
九州地区肢体不自由教育研究大会福岡大会」（2018）の特別支援学校の教員・
保護者・児童生徒を対象とした記念講演で，一人暮らしに至るエピソードを
ユーモアを交えて語っている。その中で「子どものころ，（介護をしてくれる）
親より先に死ななくっちゃと思っていた」「最近コンビを組んだ一回り以上年
下の相方も同様のことを言った」と述べ，聴衆に衝撃と共感を与えた。一人暮
らしをすることは親からの自立であり，重度障害者にとっても切実な希望なの
である。

（6）人工呼吸器利用者の eSports

　東京都の梶山紘平さんは，気管切開下人工呼吸療法による 24 時間の介護支
援を受けて一人暮らしをする筋ジストロフィーの当事者である。

図 4-5　梶山さん作成の「鉄拳 7」*操作用視線入力 Game Pad の例
（*　株式会社バンダイナムコエンターテインメント
TEKKEN™7& ©Bandai Namco Entertainment Inc.）

miyasuku Game
株式会社ユニコーンの重度障害者用意思伝達装置 miyasuku シリーズのゲーム操作支援ソフト。米 ConsoleTuner 社のゲーム操作デバイス TitanOne をオンスクリーンゲームパッドで操作する。PlayStation, Nintendo Switch, XBOX に対応している。
https://www.e-unicorn.co.jp/game

Flex Controller
株式会社ホリが開発しテクノツール株式会社が販売する，Nintendo Switch/Windows 用障害者ゲーム操作デバイス。本体ボタンのほか，さまざまな外部補助スイッチ，視線入力によりゲーム操作ができる。
https://hori.jp/products/flex-controller/

できわかクリエイターズ
重度障害児者への ICT 機器による支援を行う NPO 法人。個別の相談支援のほか，遠隔 eSports 大会などを企画・運営する。
https://dekiwaka.com

ゲームやろうぜ Project
北海道医療センターの OT 田中氏と当事者による重い肢体不自由のゲーム参加を支援するプロジェクト。家庭用ゲーム機器，パソコン，スマホなどのゲームがあそべる方法を探求し，情報発信している。
https://www.gyp55.com

梶山さんは視線入力とわずかに動く頬・足・指を用い，PC 操作を行う。PlayStation や Nintendo Switch といったコンシューマゲームの画面を PC 画面に表示（ビデオキャプチャー）し，併せて視線コントロール用のゲームパッドボタンを表示し操作することでゲーム操作を行う。現在，視線入力でゲームコントロールできるツールは miyasuku Game（株式会社ユニコーン）と Flex Controller（株式会社ホリ）が市販されているが，これらは利用者とゲームそれぞれに合わせた設定が必要となる。梶山さんは，視線入力とわずかに動く頬・足・指のスイッチ操作を調整しコンシューマゲームを操作する。操作の様子は 2020 年 YouTube の「無慈悲良品カジダスチャンネル」で配信してきた。その後，できわかクリエイターズの作業療法士でもある友人の引地晶久さんとゲーム実況・解説を加えた配信を続けている。2022 年からは「かじだす Tube」に移行，通算 202 回番組の配信となった。エンターテイメント性が高まり，ゲーム配信番組としても楽しめるものとなっている。

梶山さんらは，視線入力による eSports 大会を企画・募集し，Zoom や YouTube にて試合の様子を配信している。また，個別の視線ゲームパッド製作によるゲーム参加支援も行っている。

（7）重度障害者の eSports 研究と支援を行っているサイト

梶山さんのほかにも，障害に応じたゲーム操作の方法を工夫し情報発信する人やグループが知られている。

ゲームやろうぜ Project は，北海道医療センターの当事者と田中栄一作業療法士によって運営されている，わが国で最も古くからある重度障害者ゲーム参加支援サイトである。

miyabi project は，宮崎県の筋ジストロフィー当事者岡元 雅（みやび）さんによって運営されているライフシェアプロジェクトで，YouTube の動画配信も行っている。梶山さんと連携したゲーム企画は，重度障害のある子どもたちや保護者に支持されている。

上虎寝（うえとら）たきりゲーム研究所は，筋ジストロフィー当事者の上虎さんによるゲーム操作情報配信サイトで，最新の機器やソフトウェアの操作実験について発信されている。2020 年，NHK の「バリバラ」では，障害者ゲーム王者に選ばれている。

これらはコンシューマゲーム（PlayStation や Nintendo Switch のような市販のゲーム）に関する情報が中心であるが，前述のできわかクリエイターズは，島根大学伊藤史人研究室の EyeMoT プロジェクトと連携して障害の重い子どもの遠隔ゲーム大会を企画・運営している。EyeMoT シリーズのインクルーシブゲーム EyeMoT 3DX はネット対戦ゲームで，「運動会」「対戦ぬりえ」「エアホッケー」がある。市販のゲームのような複雑な操作は必要でなく，障害の

重い子どもも視線入力やスイッチ操作で参加できる。応援する観客が加わることで eSports を行うことができる。

3 重複障害児者の自立支援の実際

　その人がその人らしく生きていくことを自立と考えると，自立に対する支援は特別支援学校在学中における支援にとどまらない。むしろ学校卒業後にも自分のやりたいことに取り組んだり，社会とつながったりするような生涯学習の視点に立った支援が必要である。

　特別支援学校の学習指導要領には，自立と社会参加に向けた教育の充実のために，生涯学習への意欲を高めることや，生涯を通じてスポーツや文化芸術活動に親しみ，豊かな生活を営むことができるよう配慮することが述べられている。また，2019 年にまとめられた障害者の生涯学習の推進方策に関する報告書[6] においても，主体的な学びと学校教育から卒業後における学びの連続性について言及されている。ここでいう主体的な学びにつなげるためには，本人が学びたい（楽しい）と思える内容を提供することが大切だと考えられるし，学びの連続性を考えると，人は生涯に渡って獲得や衰退を繰り返しながら，発達し続けるという生涯発達の視点も重要だろう。

　一方，重度障害者の生涯学習に関する調査報告[7] によると，2021 年時点で生涯学習に取り組めていない人が 50.8% と半数を超え，特に重度障害者，重複障害者の生涯学習の機会が少ないことがうかがえる。期待する学習内容に関する質問では，レクリエーション，健康の維持，スポーツ活動などが上位を占め，身体活動に関するニーズが高いことがわかる。このような現状を踏まえ，本項では重複障害者の生涯学習の視点から，いくつかの事例をとおしてスポーツ・レクリエーション活動の充実について考えたい。

（1）事例 1：支援者とともにスポーツを楽しむ

　重複障害者のスポーツ実施に関する報告は少ないのが現状である。さらに天候などに影響されやすい屋外スポーツ，冬季スポーツ，海上スポーツなどの事例となるとわずかであるが，盲ろう者のスキーと重度重複障害者の海上スポーツの事例について紹介する。

　一般的に視覚障害者のスキー活動については支援者のスキー技術によるところが大きいといわれているが，盲ろう者支援の場合は触手話や指文字など，コミュニケーション方法を習得している必要がある。この両条件を満たす支援者を探すのは大変であるが，スキー技術に長けた支援者，コミュニケーション技術に長けた支援者と，複数名でかかわることで盲ろう者がスキーを楽しめる可能性が広がることが期待できることが報告されている[8]（図4-6左）。

盲ろう者のスキー活動の例　　　　重度障害者の海上スポーツの例

図 4-6　支援者とともに取り組むスポーツ

注) 図は支援の一例であり，対象の実態によってさまざまな支援方法が考えられる。

　また，重度重複障害者が支援者との協働によりスポーツを楽しむ例として，海上スポーツのひとつであるSUP（stand up paddleboard）の実践がある。サーフボードが転覆しないようなサイドフロートの作成，2台のサーフボードをコードで縦に連結し，前方のサーフボードに支援者が乗ることで安定して安全なSUP体験ができたことが紹介されている[9]（図4-6右）。

　これらの2例は，支援者とともにスポーツに取り組むことで，重複障害者もスポーツの実施が可能となったことを示す報告である。安全面や介助，支援の方法などは試行錯誤の段階であると思われるが，非常に興味深い実践である。

（2）事例2：障害の程度に合わせることが当たり前のゴール型球技

　肢体不自由の特別支援学校（以下，肢体不自由校）には医療的ケアの必要な児童生徒，知的障害と肢体不自由の重複のある児童生徒など，幅広い実態の児童生徒が在籍しており，体育の時間などにサッカーやバスケットボールなどの集団で行う球技の実施にはさまざまな配慮が必要であることは想像に難くない。東京都では1980年代後半に肢体不自由校で各々実践されてきたゴール型の球技を整理し，多様な実態のある児童生徒一人ひとりに対応可能な**ハンドサッカー**という球技を開発している[10]（競技の詳細は，**日本ハンドサッカー協会**のホームページなどを参照されたい）。

　ハンドサッカーは複数のポジションがあり，個々の子どもの実態に応じた役割を担いながらプレーすることができる。そのため，車いすの自走が困難な子ども，医療的ケアの必要な子ども，知的障害等との重複のある子どもも活躍することが可能である。最も注目すべきルールは自己のシュート課題設定に関するルールである。ハンドサッカーでは，スペシャルシューターとポイントゲッターという，比較的重度の障害や重複障害のある子どもが担うポジションがあり，特定の条件を満たせば，フリーのゴールにシュートする権利を得ることができる。そのシュートは50%の成功率の方法で実施するという特徴的なルー

ハンドサッカー
体育の授業実践を元につくられた集団球技。重度の肢体不自由児も役割をもって参加できるようにさまざまなルール上の工夫が設けられている。

日本ハンドサッカー協会

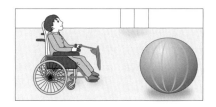

手元のスイッチを操作し，ボールを投球する　　　電動車いすを操作し，大きなボールをシュートする

図 4−7　ハンドサッカーのシュート例
注）図は支援の一例であり，対象の実態によってさまざまな支援方法が考えられる。

ルがある。つまり，シュート方法やボールの種類が決まっているわけではなく，子どもの実態や課題に応じて自由にシュート方法を考えることができる。例えばスイッチを使ってボールを投げたり転がしたりしてシュートする子ども（図4−7左），電動車いすを自分で操作して大きなボールをシュートする子ども（図4−7右）など，さまざまなシュートスタイルが披露される。

　また，ハンドサッカーは肢体不自由校の体育や部活動で取り組まれているが，卒業後も自らクラブチームを立ち上げ，練習会や卒業生大会を企画運営している事例もあり，まさに生涯学習（生涯スポーツ）として親しまれている競技だといえる。

（3）事例3：既存のスポーツを素材として広がりを見せる取り組み

　ボッチャはパラリンピックの正式競技でもあり，注目を集めているパラスポーツのひとつだといえる。ボッチャは高度な戦略とそれを具現化する投球スキルという競技性の高さが魅力のひとつであるが，その一方でルールが簡単，年齢や性別，障害の有無や程度にかかわらず誰もが楽しめることも大きな魅力である（競技の詳細は日本ボッチャ協会のホームページなどを参照されたい）。

　日本ボッチャ協会では2016年から全国の肢体不自由校を対象とした大会を開催しており，2022年度は第7回ボッチャ選抜甲子園大会として全国から42校の肢体不自由校の参加があった。新型コロナウイルスの感染拡大もあったが，オンラインでの予選大会を開催するなど，さまざまな工夫のもと，途切れることなく開催することができている。さらに同協会では，障害の有無にかかわらず出場することができる東京カップという大会も開催している。ボッチャ選抜甲子園大会の優勝チームに参加資格が与えられることになっており，支援学校内に限らず社会とつながっていけるような仕組みづくりが興味深い。

　このように，ボッチャという素材を対象の年齢や障害の程度などに適応させることで誰もが参加できるスポーツ，それぞれのニーズに応じたスポーツとして親しまれていることは生涯発達の視点からも意義のあるものと考えられる。

ボッチャ
ジャックボールと呼ばれる白い的球に手持ちのカラーボール（赤青）をいかに近づけるかを競う。

日本ボッチャ協会

（4）自立に向けた生涯スポーツ支援のために

　本項では，大きく三つの事例を紹介した。支援者とともに楽しむスポーツ，ルールを工夫して自己実現の達成を図るスポーツ，特定のスポーツを対象のニーズに合わせて，柔軟に楽しむスポーツ，このようなスポーツとのかかわりは，重度障害者，重複障害者が生涯学習としてスポーツやレクリエーションに親しむためにはきわめて重要な考え方だろう。事例のように対象の実態やニーズに合わせてスポーツやレクリエーションを柔軟に変化させていく考え方は**アダプテッド・スポーツ**といい，体育・スポーツ科学の応用領域としてとらえられている。日本体育・スポーツ・健康学会（旧 日本体育学会）では，「身体に障害がある人などの特徴にあわせてルールや用具を改変，あるいは新たに考案して行うスポーツ活動を指す」[11]と定義している。

　ここで大切にしたいのは，障害者のスポーツ＝アダプテッド・スポーツというわけではなく，障害者を含め，スポーツや体育を含むさまざまな身体活動をするうえで何らかのニーズのある人すべてを対象とした考え方という点である。運動が苦手な人，難病で部屋の外に出るのが難しい人，妊婦，高齢者など，その人に合わせることを本質とした方法論である[12]。つまり，一人ひとりの障害の程度や実態が異なる重複障害，重度障害のある人には非常にマッチした方法論であるともいえる。実際，本項で紹介した事例からもさまざまなアダプテッド・スポーツの応用を読み取ることができる。

　しかし，ここで気をつけたいのは，単に「その人に合わせる」ことだけを追求していくと，結果的に身体活動のもつ楽しさを享受できなくなるケースがあるということである。例えば，障害の程度が重く，随意的な運動が難しい場合に支援者（の過剰な介助）だけで運動が遂行されてしまうこと，知的障害がある場合に（本人の動機づけや考えを汲み取らず）支援者の意図だけで運動が実施されてしまうことなどがあげられる。そのような落とし穴にはまらないためにも，個人的特性だけでなく，課題や環境に合わせて，課題を適正化し，環境調整し，動機づけしていくことが望まれる。

　このような本人と環境と課題を相互作用的に考えていくモデルをアダプテッ

アダプテッド・スポーツ
体育・スポーツ科学の応用領域であるadapted physical activity（APA）の概念をもとに日本になじみやすい用語として提唱された。

コラム　スポーツ参加への支援

　2022年3月に策定された「第3期スポーツ基本計画」（文部科学省）によると新たな三つの視点として「つくる／はぐくむ」「あつまり，ともに，つながる」「誰もがアクセスできる」が掲げられている。多様な主体が参加できるスポーツの機会を創り出すこと，スポーツを通じた共生社会を実現すること，障害や不適切な指導などの理由でスポーツの機会を失うことがないよう努めることなどが具体的な施策としてあげられている。障害のある人のスポーツへのアクセスが当たり前の世の中になるとよいと思う。

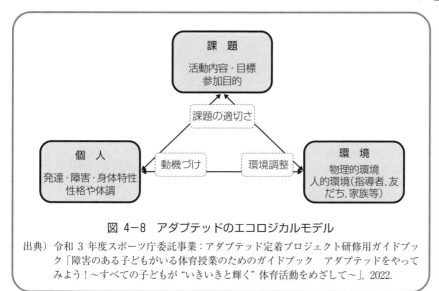

図 4−8　アダプテッドのエコロジカルモデル

出典）令和 3 年度スポーツ庁委託事業：アダプテッド定着プロジェクト研修用ガイドブック「障害のある子どもがいる体育授業のためのガイドブック　アダプテッドをやってみよう！〜すべての子どもが "いきいきと輝く" 体育活動をめざして〜」, 2022.

ドのエコロジカルモデル（図4−8）とも呼んでいる[12]。何らかのスポーツやレクリエーションを考える際には頭にとどめておきたい内容である。

　スポーツやレクリエーションが，重複障害のある人たちの生涯をその人らしく彩るものであってほしい。

　車いすの表記については，パラスポーツ分野では「車いす」と表記されることが多いため，本項では「車椅子」ではなく「車いす」という表記に統一した。

　　演習課題

1. 先天性盲ろう児者が安心して学習や活動に取り組むために大切なことは何か，考えてみよう。
2. 先天性盲ろう児者の生涯学習にふさわしい活動内容を考えてみよう。
3. 重度重複障害者がコンシューマゲームを楽しむために必要なものについて考えてみよう。
4. 重度重複障害者が外出するために必要なものについて考えてみよう。
5. 重度肢体不自由があり，肩から下の随意運動が困難な人のハンドサッカーのシュート方法を考えてみよう。
6. 視覚障害のある車いすユーザーがボッチャを楽しむための工夫を考えてみよう。

　　引用文献

1) 高田涼子・松ヶ谷容子：光道園における盲ろうの利用者への支援について，盲ろう教育研究紀要, **9**, pp.10-20, 2009.
2) 岡田恭子・山本真理・貝嶋敦子・星野　勉：地域作業所わくわくわーく活動報告, 盲ろう教育研究紀要, **9**, pp.21-31, 2009.
3) 土谷良巳：欧州における先天性盲ろうの子どもとの共創コミュニケーションアプローチ，上越教育大学特別支援教育実践研究センター紀要, pp.1-11, 2011.
4) 大竹元子・田中茜吏：あかり，みんなといっしょ―脊髄性筋萎縮症の少女，地域の学校で学ぶ，クリエイツかもがわ, 2006.

5) 文部科学省：令和 3 年度学校における医療的ケアに関する実態調査結果，2022.

　https://www.mext.go.jp/a_menu/shotou/tokubetu/1402845_00005.htm（最終閲覧：2022 年 11 月 1 日）

6) 学校卒業後における障害者の学びの推進に関する有識者会議：障害者の生涯学習の推進方策について ―誰もが，障害の有無にかかわらず共に学び，生きる共生社会を目指して―（報告），2019.

7) 文部科学省：令和 3 年度「生涯学習を通じた共生社会の実現に関する調査研究」重度重複障害児者等の生涯学習に関する実態調査 報告書，2022.

8) 井口健司・河野恵美：盲ろうのある人のスキー，第 7 回日本ロービジョン学会学術総会抄録集，2006.

9) 加地信幸ら：重度・重複障害児を対象としたアダプテッド・スポーツ用具開発に係る有効性の検討 ウォータースポーツ「SUP（Stand Up Paddleboard）」の用具開発を通じて．日本体育・スポーツ・健康学会第 71 回大会抄録集，2021.

10) 吉原芳徳：ハンドサッカー競技の普及のために，手足の不自由な子どもたちはげみ，**368**，pp.27-31，2016.

11) 日本体育学会監修：最新スポーツ科学辞典，平凡社，p.17，2006.

12) 令和 3 年度スポーツ庁委託事業：アダプテッド定着プロジェクト研修用ガイドブック「障害のある子どもがいる体育授業のためのガイドブック　アダプテッドをやってみよう！～すべての子どもが "いきいきと輝く" 体育活動をめざして～」，2022.

参考文献

・厚生労働省：盲ろう者向け通訳介助員の養成カリキュラム等について，2013.
　https://www.mhlw.go.jp/bunya/shougaihoken/sanka/dl/shien04.pdf（最終閲覧：2019 年 1 月 15 日）

・文部科学省：特別支援教育の生涯学習化に向けて，2017.
　http://www.mext.go.jp/b_menu/houdou/29/04/1384235.htm（最終閲覧：2019 年 1 月 15 日）

・文部科学省：学校卒業後における障害者の学びの推進に関する有識者会議について，2018.
　https://www.mext.go.jp/b_menu/shingi/chousa/shougai/041/toushin/1401971.htm（最終閲覧：2019 年 1 月 15 日）

・日本のヘレン・ケラーを支援する会 社会福祉法人全国盲ろう者協会：盲ろう者に関する実態調査報告書，2013.

・文部科学省：小学校等における医療的ケア実施支援資料～医療的ケア児を安心・安全に受け入れるために～，2021.

・バクバクの会：バクバクっ子，街を行く！人工呼吸器とあたりまえの日々，本の種出版，2019.

・梶山紘平：かじだす Tube
　https://www.youtube.com/channel/UCjeKS-9z6myHqYpZ0pKd-zQ.（最終閲覧：2022 年 11 月 1 日）

・岡元雅：みやび project
　https://miyabiproject.com（最終閲覧：2022 年 11 月 1 日）
　https://www.youtube.com/c/miyabiproject.（最終閲覧：2022 年 11 月 1 日）

・上虎寝たきりゲーム研究所
　https://uetora.hatenablog.com/（最終閲覧：2022 年 11 月 1 日）

・伊藤史人：ポランの広場　福祉情報工学と市民活動
　https://www.poran.net/ito/（最終閲覧：2022 年 11 月 1 日）
・植木章三・曽根裕二・髙戸仁郎編：イラスト　アダプテッド・スポーツ概論，東京教学社，2018.
・齊藤まゆみ編：教養としてのアダプテッド体育・スポーツ学，大修館書店，2018.

 ## ２　重度重複障害児者の生涯学習

「生きることは学ぶこと，学ぶことは生きること」

　重症児教育の先駆者である飯野順子先生に教えていただいたことばである[1]。どんなに障害が重くても，命を輝かせる教育を目ざそうという飯野先生の理念は，重症児教育の根幹である。30 年前は，障害の重い子どもたちについて，「15 歳の壁」「20 歳（はたち）の壁」などといわれていたが，近年は学齢期よりも長い卒業後の生活がある。「この子らを世の光に」で知られる糸賀一雄先生は「うまれながらにしてもっている人格発達の権利を徹底的に保障せねばならぬ」[2]と述べた。障害者の権利に関する条約において，教育制度および生涯学習の確保が明記される，40 年近く前のことである。

　障害の重さにかかわらず，重複障害者は外出が難しく，福祉的ケアを受けることはできるが，充実した余暇生活，生涯学習の機会が保障されていない現状があり，卒業後の生活づくりが大きな課題とされてきている。

　文部科学省は「障害者学習支援推進室」を中心として，学校卒業後における学びの支援等に取り組んでいる。この 10 年ほどの間に，各地に「訪問カレッジ」「訪問大学」がつくられ，家庭や病院・施設などで生涯学習が展開されている。重複障害者の生涯学習には，ニーズ把握，支援者やスタッフの養成，仕組みづくりなど，多くの課題がある。また，2020 年以降では，新型コロナウイルス感染症による対面学習の困難さもある。

　障害が重く，複数の困難があるということは，先の見通しがわからないことでもある。ライフステージのどの段階においても，どのような時代であっても，「今，学びたい」という希望に応えるシステムが必要である。

　本節で紹介する実践は全国の取り組みの一部であるが，生涯学習が重複障害者の発達にどのように関与しているか，障害の重さにかかわらず人とかかわり，学ぶ喜びの大きさ，「今」の大切さを実感していただけると思う。学齢期の教育が生涯に渡る学びの基盤であることを念頭に，お読みいただけると幸いである。

1　訪問大学おおきなきの取り組み
－障害の重い人の想いを形にする試み－

（1）訪問大学おおきなきの誕生

　訪問学級のＲさんは，毎日頻繁に重いてんかん発作があるために，卒業後は通所が難しかった。進路担当のＹ先生は，Ｒさんの進路先を必死に探し，2012年に東京都小平市を拠点にし医療的ケアのある卒業生の生涯学習の活動を始めた訪問カレッジ＠希林館に受け入れをお願いした。そこで紹介されて相談に来たＹ先生の熱意に打たれ，Ｒさんの地域で障害のある子どものサポートを始めようとしていた筆者は，障害の重い人の生涯学習を担う訪問大学おおきなきの立ち上げを決心し，2014年４月に訪問授業を開始した。

医療的ケア
第１章第１節 p.2 参照。

　Ｒさんと同じ学校の高等部訪問学級の人工呼吸器などの**医療的ケア**が必要な卒業生は，地域の療育施設に週１回通所することになった。しかし，ずっと家庭で訪問授業を受けていたこともあり，環境の変化が大きかったのか通所のたびに体調を崩していたため，訪問大学おおきなきに入学することになった。

　入学した学生の保護者の一人は，入学式で「命がある最後の日までお勉強だと思っています」と語っている。障害の重い人の生涯学習は，一人ひとりに合った学びの形や内容をみつけ，自己実現できることを目ざしている。

（2）訪問大学おおきなきの授業の様子－三つの事例から

1）自己表現－本人の発信から始まるコミュニケーション

Yes/No コミュニケーション
聞き手が選択肢をあげ，Yes/No を聞いていく方法であるが，選択肢にないことは伝えられない欠点がある。

　Ａさんは，ご家族やかかわる人と Yes/No コミュニケーションを確立できていた。質問に対して，「はい」のときは口を大きめに開け，「いいえ」のときは首を小さく横に振るという方法でコミュニケーションを取ってきていた。

　Ａさんは，自分の思いをすべて伝えることができていただろうか。

　例えば，かかわる人の中で，母親が最もＡさんの気持ちがわかるとする。母親が想像できる「Ａさんの思い」の部分は大きくなるが，Ａさんへの質問は，母親の想像力に依存し，Ａさんの思いをすべて理解することはできない（図4－9）。

　Ａさんのコミュニケーションが，かかわる人から始まるのではなく，Ａさんの発信から始まることを目ざしたいと考え，iPad とピエゾスイッチを使用した。

ピエゾスイッチ
ピエゾニューマティッククセンサースイッチ（PPS スイッチ）は，ピエゾ（圧電素子）とニューマティック（空圧）の２種類のセンサーを選択して使うことができる。ピエゾスイッチは，わずかな筋肉の動きで作動する。

　はじめは，トーキングエイドの50音をオートスキャンにして文字入力を試みた。しかし，ひらがなは未学習で１文字を選ぶのにとても時間がかかり，選べても意味が不明な綴りになっていた。Yes/No コミュニケーションで入力することばを決めてから，１文字１文字の入力をサポートする必要があった。そこで絵文字に切り替えてみると，Ａさんは自力で入力できるようになった。

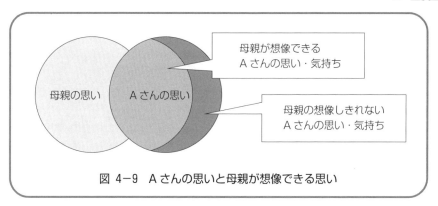

図 4−9　A さんの思いと母親が想像できる思い

図 4−10　トーキングエイド for iPad
に入力している様子

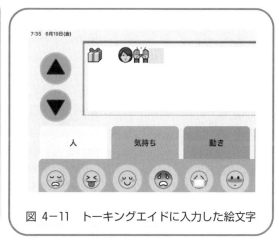

図 4−11　トーキングエイドに入力した絵文字

　講師と家族は，A さんが選ぶ絵文字の表現が楽しみであるとともに，本人から始まる発信の内容は予想できず不安もあった。A さんは水を得た魚のように生き生きと，絵文字を入力した（図4−10）。

　A さんに対して母親に伝えたいことを尋ねた結果，家族の不安は吹き飛び，喜びに変わった。図4−11 は，A さんが入力した三つの絵文字である。「プレゼント　お母さん・万歳」と iPad で発信できた。母親が「（A さんは買いに行けないので）A ちゃんの貯金を使って買っていいの？」と返すと，A さんは満面の笑顔で「Yes」と伝えた。

2）わかっていることを確かめること−視線入力を使って

　①　M さんは幼少期に**中枢性視覚障害**の診断を受け，主に聴覚を使って生活してきた。M さんの母親は，視線入力装置が家庭に導入しやすくなった 2016 年，M さんが 27 歳のときに家庭で常時視線入力に取り組めるような環境を整えた。

　訪問授業は月 1 回だが，体調がよければ，絵を描いたり音楽を楽しんだり絵本を読んだり，さまざまな活動に視線入力を活用することを定着させることができた。母親は，本人の発達の最近接領域にあるシンプルな課題を EyeMoT

中枢性視覚障害
第 3 章 第 1 節 p.57 参
照。

EyeMoT ボックスア
プリ
EyeMoT プロジェク
トについては p.108 参
照。

ボックスアプリ（島根大学伊藤史人研究室）をもとに自作した。図4−12は，EyeMoT ボックスアプリで黄色い四角を見ると音（聴覚）と星（視覚）のインタラクションが起きる設定でMさんが取り組んでいる様子である（＜動画１＞参照）。この因果関係を理解できた後に，母親は，ある日，黄色い四角を見ても音も光も出ない設定に変えてみた（＜動画２＞）。Mさんの発信に気づくことができるだろうか。＜動画３＞は，Mさんの＜動画１＞と＜動画２＞の視線の履歴を比較したものである。視線の履歴からもMさんの思考の過程を読み取ることが可能である[3]。

＜動画１＞

＜動画２＞

＜動画３＞

②　Wさんは，特別支援学校卒業時に，絵本の読み聞かせが好きであるという引継ぎがあり，実際に読んでみると内容も理解しているように思えた。それを確かめたいという思いから，眼振もあるWさんには至難の業に思えたが，視線入力による描画にも取り組み続けている。絵本読みの後に行うのだが，内容を理解しているのではないかと思われる作品を紹介したい（図4−13）。

図 4−12　EyeMoT に取り組む様子

ごんぎつね

スーホの白い馬

図 4−13　視線入力による描画
注）センサリーアイ FX の Splodge Colours を使用。

３）音楽を通じた交流−音楽療法の授業から

音楽療法を担当する鈴木は，「交流の過程において学生さんが紡ぎだした言

葉や音を私は評価せずにその人の大切な表現として受け止め，丁寧に応じたいと考えています。その表現はその人が生まれつき持っている感受性によるものであり，その人の生きてきた道程も感じられるものだからです。率直に，思いを伝えてくれるほど，交流が活発になり深まっていきます」（要約）と書いている[4]。

　2017 年に行った訪問大学おおきなきの文化祭で，Wさんは「やさしさに包まれたなら」（松任谷由美）を「Look to Learn」の中の楽器アプリ「ギター」を使って視線入力で発表することにした。鈴木に伴奏をお願いし，本番前に自宅で合わせてみることにした。そのとき，iPadで曲を流していたときと全く違うことが起こった。本人の表情も生き生きとしていてよかったのだが，きれいに音が合っているところが多く"合奏"を感じることができたのだ。

　Wさんは，ギターの弦の音階の位置は知らないので，感覚的に視線を動かしているのだが，鈴木は，音（演奏）でコミュニケーションが成立していたのではないかと言う。表4-1と照らし合わせながら，視聴してほしい（＜動画4＞）。

<動画4>

表 4-1　Wさんと鈴木の交流過程

0：32　Wさんが視線で鳴らし始める。
⇒それを聞いて鈴木はメロディを入れ始め，和音を小節の頭にだけ入れた。またWさんがギターの音を鳴らすことに集中できるよう，音量に気をつけた。
0：42　Wさんが鳴らす回数が増えてくる。
⇒伴奏系を4分音符の刻みに変え，エネルギー感を合わせた。
0：49　キーボードのメロディが5度上へ飛躍する。
⇒Wさんの視線の動きの幅が音の高いほうへと広がる。
0：52　Wさんはより活発に視線を動かし，沢山音を鳴らす。
⇒Wさんが自由に続けられるよう，鈴木はここからはあまり弾き方を変化させないで，支えるように続けた。
1：00　（音は鳴っていないが）Wさんはよく視線を動かし，探索している。
1：17　Bメロに入る手前の黒鍵の音のところで，Wさんもタイミングよく音を出す。
⇒さらにWさんは勢いよくその弦と隣の弦を鳴らすなどして，積極的に演奏する。
1：30　キーボードのメロディが徐々に上の音域になってくる。
⇒Wさんの鳴らす音も高くなる。

4）ま　と　め

　2）①（p.117 参照）のMさんの母親は，ある日試みた設定の変更で，Mさんからの発信を受けとめることができた感想を次のように書き留めている。「動画を撮りながら感激に浸っていました。息子との接点がよりはっきりとらえられるようになったこと，それを見透かすかのように息子が表出をし，このようなコミュニケーションができつつある事がうれしいです。」

　どんなに障害が重くても，伝えたい，学びたいという気持ちをもち続けていて，コミュニケーションや学びを深めることができることを教えてくれた三つの事例は，私たちの取り組みを支え，強く背中を押し続けてくれている。

2　誰もが学び続けられる社会に向けて
－「訪問カレッジ Enjoy かながわ」の訪問型生涯学習－

（1）はじめに

　特別支援学校訪問籍の人の「卒業後も学びたい」の声に押され，訪問型生涯学習「訪問カレッジ Enjoy かながわ」を立ち上げた（図4-14, 4-15）。

　生涯学習は，「勉強」とは異なり，その人の「好き」や「楽しい」を探すことから始まる。好きなことを伸ばしたり掘り下げたりする学びは楽しく，その人の生きる豊かさ，その人らしさにつながると考える。実践をとおし，重度障害者や医療的ケアのある人の生涯学習の必要性を再認識している。

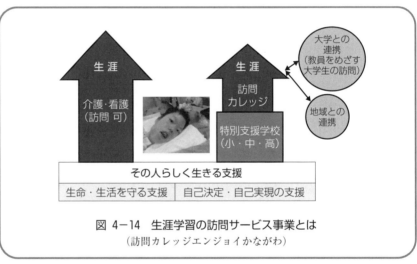

図 4-14　生涯学習の訪問サービス事業とは
（訪問カレッジエンジョイかながわ）

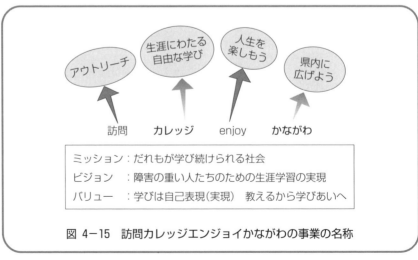

図 4-15　訪問カレッジエンジョイかながわの事業の名称

（2）事例紹介

1）事例紹介1

①　Aさんの様子

21歳　女性　特別支援学校訪問籍卒業　訪問カレッジ3年生

病名：Vici症候群，四肢体幹機能障害，1種1級

低体温で非常に発作が多く，覚醒状態は安定しない

微細な表情の変化はあるが，イエス・ノーの読み取りは難しい

②　卒業後の生活の様子

家庭の希望で訪問看護や訪問介護の支援は受けず，大学病院への定期通院とPT訓練の通所以外は家庭で過ごし，学校時代から通院時の待合を利用して訪問教育を受けていた。訪問カレッジ入学後も，大学病院通院時の待合の利用を継続し，生活や学びの機会は変化することなく，円滑な移行ができた。

③　訪問カレッジの学びの流れ

繰り返す中で，自然にAさんが受け入れ

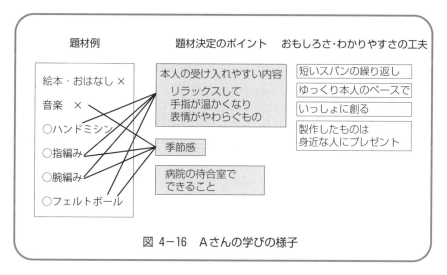

図4-16　Aさんの学びの様子

やすい（わかりやすい）シンプルな流れができた。

④　訪問カレッジの学びの様子

最初は，絵本やお話，音楽・楽器などいろいろな題材を提示したが，現在は手指・腕をいっしょに動かし製作する手工芸に特化している。題材を特化できるこ

図4-17　Aさんの取り組み

ともカレッジの学びの特徴である。Aさんの題材は，本人の受け入れやすい題材に精選される。季節感や病院の待合室であることに配慮し，ゆっくり本人のペースで進め，手を添えていっしょに製作し，製品に仕上げ身近な人にプレゼントする。製作活動をとおし，身体はリラックスし，手指が温かくなり，表情が和らぎ，学習支援員と一体感が生まれる。

　ハンドミシンではスイッチを右人差し指で押し，音と振動を感じ目を大きくあけ右から左に瞳をじっと動かす。完成させたマスクはPTの先生にプレゼントした。フェルトボールは，まずは羊毛を両手でほぐし，ふわふわした感触を感じる。次にほぐした羊毛をミニおにぎりの容器に入れる。握りやすく工夫した持ち手を学習支援員と握り，左右上下に動かし音や振動を感じる。乾燥させたボールをつなぎ鍋敷きとなる予定が，母からミニマットへの依頼がありフェルトボールの数を増やすことになった。

2）事例紹介2

①　Bさんの様子

18歳　女性　特別支援学校訪問籍卒業　訪問カレッジ1年生（入学3か月）

病名：SMA（脊髄性筋萎縮症）1型，人工呼吸器装着

　目をつぶり，イエスのサインができる。在学中から視線入力を活用し学習

②　卒業後の生活の様子
　医療依存度が高く，通所は叶わず，卒業後の生活は大きく変化した。在学中は週3回の訪問教育を受けたが，現在は週1回の訪問カレッジを心待ちにしている。

③　訪問カレッジの学びの流れ
　始まりのあいさつの後，トピックスを発表する。彼女の発信の場にと設けた題材だが，それぞれの生活の様子や関心のもち方がわかり，学習支援員との関係づくりにも役立っている。その後，2人の学習支援員と各課題で学び，その日の学習をまとめる。

④　訪問カレッジの学びの様子
　入学後3か月だが，いろいろな題材に集中して取り組む。題材決定のポイントは，第一は本人の興味・関心，第二に学習支援員の専門・得意分野，第三に社会的な視野を広げる意図で時事問題を加えた。江戸時代への関心から，浮世絵や江戸ものの紙芝居やお話，BTS（韓国の7人組アイドルグループ）やイケメンへの興味から，源氏物語や徴兵制度を題材にした。彼女がわかりやすいようパワーポイントの資料をつくり，資料には3択クイズを組み込み考える場面を設け，クイズを楽しみながら学びにメリハリをつけた。スライドの送りは，彼女が足の指でスイッチを押し動かす。時事問題では，選挙を取り上げた。18歳で選挙権をもち，本人の関心も高かった。模擬選挙では，模擬候補者のパフォーマンスに惑わされることなく，女性の活躍を公約にあげた人を選び，母親や周囲を驚かせた。郵送による投票についても学び，学習支援員といっしょに意欲的に申請手続きを進めた。彼女の知的好奇心に学習支援員も触発され，学びが循環していると感じる。課題は，学校時

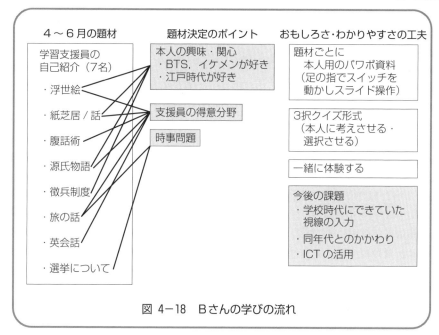

4～6月の題材	題材決定のポイント	おもしろさ・わかりやすさの工夫

学習支援員の
自己紹介（7名）

・浮世絵

・紙芝居 / 話

・腹話術

・源氏物語

・徴兵制度

・旅の話

・英会話

・選挙について

本人の興味・関心
・BTS，イケメンが好き
・江戸時代が好き

支援員の得意分野

時事問題

題材ごとに
本人用のパワポ資料
（足の指でスイッチを
動かしスライド操作）

3択クイズ形式
（本人に考えさせる・
選択させる）

一緒に体験する

今後の課題
・学校時代にできていた
視線の入力
・同年代とのかかわり
・ICT の活用

図 4-18　Bさんの学びの流れ

代に取り入れていた視線入力の学習が継続できていないことである。PC本体の調子も悪く，ICT関係に精通する人との連携が必須である。また，学びの共有化としてカレッジ生間の横のつながりや大学生等の同世代とのかかわりなど，ICT を活用しさまざまな生活体験ができないかと考えている。

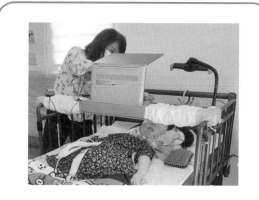

図 4-19　Bさんの取り組み

（3）終わりに

「学ぶって楽しいね」，訪問の帰り道の学習支援員の会話である。カレッジ生と楽しい学びを探す過程は，学習支援員の生涯学習でもある。どうしたらわかりやすいか，楽しいか，相手の反応を予想し悩みながら教材準備を行い，実際の反応に一喜一憂する状況は，学びのおもしろさそのものである。退職後は，肩の力やしがらみが適度に抜け，純粋に学びが楽しいと感じる。教員時代の教える・教えられる関係から，学び合いの関係へと醸成されていると感じる。

また，学びの楽しさは自然と伝染する。本人・家族・学習支援員が一緒に織

りなす学びは，自然と家族をとおして，周囲の介護や看護に携わる人，相談員へと広がり，本人のいろいろな面を知る手がかりになり，学びをとおし人のつながりが生まれる。学びが人と人を楽しくつなぎ，生活に潤いをもたせている。

「目標や楽しみがあって，肯定してくれる存在があることは，本人はもちろんのこと，家族にも生活の幅を広げてくれます。」カレッジ生の母からいただいたことばに，生涯学習の本質が含まれていると思う。

3　訪問カレッジ＠愛媛大学

（1）「訪問カレッジ・オープンカレッジ＠愛媛大学」の取り組み

愛媛大学では，2019年度より文部科学省から実践研究を受託し，四国地区在住の学校卒業後の重症心身障害等のある人を対象に「訪問カレッジ・オープンカレッジ＠愛媛大学」という取り組みを始めた。

「訪問カレッジ」とは，利用者（以下，カレッジ生）の自宅や病院など，カレッジ生が安心できる場所にスタッフが訪問する個別の学びの機会である。また，「オープンカレッジ」とは，訪問カレッジで個別に学んだ内容を，他者との交流の中で発揮する，集団での学びの機会（スクーリング）である。

なお，カレッジ生本人の希望により，実名を使用する。

（2）訪問カレッジ

訪問カレッジの実践から，訪問カレッジを支える考え方をお伝えしたい。

1）カレッジ生のやりたいことを勝手に決めない：服部友香さんの授業

小さな網を弾いて絵の具を飛ばす「スパッタリング」2回目の授業のでき事である。事務局で用意していた型紙を取り出し，「今日はどれでつくろうか？」と尋ねると，いつもは見られる笑顔の「YES」の表情が見られない。念のためと思い再確認するも，車椅子に顔をうずめる勢いでそっぽを向いてしまう。友香さんが見せる初めての反応にとまどいつつ，「もしかして…？」と思い立ち，前回の授業で使ったハートの型を出してみた。すると，「あー!!!」と，喜びの声を上げた友香さん。筆者には，「それー!!!」と言っているように聞こえた。

ハートの型は，前回の授業時に使っていた，友香さんのお気に入りのマークである。取り組みが2回目だったので型の候補に入れていなかったのだが，この日もハートの型を使って作品をつくった（図4-20）。

図4-20　ハートとクリスマス模様

　カレッジ生のやりたいことをスタッフが先回りして決めるのではなく，カレッジ生自身が選択し，意思決定する機会を設けることが非常に大切である。

2）「素材に触れて，確かめて，感触を味わって」：矢野純さんの授業

　オーブン陶土を使った陶芸の授業のことである。この日は，退職後の特別支援学校教諭スタッフといっしょに訪問した。筆者が早速作品づくりに取りかかろうとしたとき，そのスタッフが「今日はどんなものを使って作品をつくるか，まずはいっしょに土を触ってみようか」と，純さんに声をかけた。

　純さんにとっては，オーブン陶土に触れるのは初めてのことである。一番大事な「素材に触れて，確かめて，感触を味わって」という体験の大切さを，経験豊富なスタッフが気づかせてくれた。その後，スタッフといっしょに陶土をじっくりと握りしめた純さんは，なんともいえない不思議そうな表情をしていた。

　さらにスタッフは，「ぎゅーっと握るよ」と言って純さんの手をそっと握り，純さんの力がどれくらい入るのか確認していた。純さん自身の力でしっかり握ることは難しかったため，「次はいっしょに握ってみようか」と声かけをし，純さんは最大限の力，スタッフの協力は最小限で陶土を握っていた。

　純さんの指の跡がついた陶土を箸置きにして家族にプレゼントすることを提案すると，笑顔になった純さん。最後まで集中して取り組んでいた。素材を理解し，目的をもって自身の力で形づくる経験は，純さんの主体的な学びにつながった（図4-21）。

図 4-21　自分で模様つけ

3）自分に合ったスイッチ探し：長野百花さんの授業

　カレッジ生に合ったスイッチを探る授業のときである。スイッチを押すと花火が上がるアプリを使い，接点式スイッチと空気圧式スイッチを試した百花さん。最初，スイッチを押して画面に花火が現れると驚いたように目を丸くし，その後長い時間スイッチ操作を続けて，花火を打ち上げていた（図4-22, 4-23）。2つのスイッチのうちでは，空気圧式スイッチが使いやすいようだった。

　「花火大会を開催しております！　百花さん上手！」とナレーションを入れながらスイッチ操作の様子を撮影していると，ニッコリ笑顔がみられた。また，百花さんの家族にこの動画を見せたところ，「これ，百花がやってるんです

図 4−22　真剣なスイッチ操作

図 4−23　花火が上がり満足な笑顔

か？」と，百花さんの授業に取り組む姿を見て驚かれていた。

　カレッジ生は，身体のケアや外出など，普段の生活で第三者の手を借りることが多くなる。スイッチや視線入力装置を使用するなど，その人に適した方法を模索し，自分だけの力で，自分のタイミングで何かを操作する機会を創出することは，非常に重要である。

4）さまざまなスタッフとのかかわりをとおして：矢野純さんの授業

　特別支援学校教諭を目ざす大学生スタッフとともに訪問した，あじさいをつくる制作の授業のときである。何種類かのお花紙の中から好きな色を選んでもらおうと，「どの色がいい？」といくつか純さんに提示した。普段は対象をじっと見つめたり，声を出したりして応える純さんだが，なかなか返答がなかった。学生スタッフが「僕はこの色が好きです」と言うと，ニコッと笑顔になり，まずはその色で制作を始めた。過去の授業では，選択肢にやりたいものがない場合，答えにたどり着くまで意思表示をする純さんだが，その後も学生スタッフが選ぶ色をニッコリと受けとめながら制作を続けた。授業の最後の方に「今日はどうしたん？　優しい先輩やね！」と声かけすると，またまたニッコリ笑顔。この日初めて，"後輩に優しく接する先輩"という，純さんの新たな一面がみられた（図4−24）。

　訪問カレッジでは，教員を目ざす大学生や，障害のある人とかかわったことのない人，地域のシニアの人

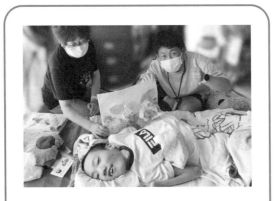

図 4−24　先輩・後輩がんばりました

まで，さまざまな人びとにご協力をいただき実践している。同行するスタッフによって，カレッジ生がさまざまな表情をみせることは，訪問カレッジのひとつの特徴になっている。学校卒業後，他者との交流機会が少なくなる場合が多い中，こうしたさまざまなスタッフとのかかわりは，対人交流の増加・多様化につながっている。

（3）オープンカレッジ

　コロナ禍のため，ここ数年はカレッジ生が集まる形での開催は難しい状況にある。そこで，2021年度はスクーリングをオンラインに変更し，「訪問カレッジ交流会 兼 ミニオープンカレッジ」を開催した。当日は，カレッジ生，スタッフ，大学教員，事務局の合計10人が参加した。中には，特別支援学校時代の先輩・後輩にあたり，数年ぶりに顔を合わせるカレッジ生やご家族同士のやり取りもみられた。その他にも，スタッフによるバイオリン演奏や，カレッジ生とスタッフの意見交換が活発に行われ，今後に向けた訪問カレッジのアイディアなども話題にあがった。「コロナ禍だから」と諦めることが多い中，オンラインではあるものの，カレッジ生やスタッフが集まりリアルタイムに交流できたことは，非常に大きな成果となった。

（4）オンラインコンテンツづくり

　カレッジ生の多くは，医療的ケアなどの健康上の問題があるため，外出が困難な状況にある。そこで，県内の自治体と連携し，カレッジ生が実際に外出しなくても文化施設などを体験・見学できる方法を試行した。2021年度は久万高原町の協力を得て，360度カメラで施設内を撮影し，施設職員による館内のおすすめポイントや展示品解説を加えた。これらを組み合わせることで，外出が難しく，また，実際にはアクセスが難しい施設などにも，自宅にいながら訪問し，仮想現実的に施設見学・学習体験ができるようなコンテンツを作成できたことは，大きな成果だったと考えている。今後も各自治体にご協力いただきながら，県内施設での取り組みを拡充していきたい。

（5）終わりに

　これまでの実践例の授業を振り返ってみると，いずれもカレッジ生の豊かな表情であふれている。同世代のスタッフと，若々しく生き生きと活動している表情，色選びで薄紫を選んだときに「大人な色だね！」と声をかけた際の少し照れたような表情，陶芸で仕上がった作品を，家族にクリスマスプレゼントとして渡した際の誇らしそうな表情。実践例のうち，百花さんの場合は，学びたいことはまだまだたくさんあっただろうが，前段でご紹介した授業が，最後の授業となった。

　コロナ禍にあって，訪問を予定していても，急遽中止や延期になることが少なくない。会って，声をかけて，触れ合って，授業をして，カレッジ生の笑顔が輝くことがいかに大切か。1回の授業の重みを，改めて痛感している。

　訪問カレッジの授業をとおして，人と触れ合う楽しさや，自分「が」やることの大切さ，だれかの役に立てる喜びをカレッジ生が感じ，一人ひとりの人生がより豊かになるような授業を目ざして，これからも実践していきたい。

演習課題

1. ＜動画3＞（p.118参照）の視線の履歴から，Mさんの思考の過程を推察してみよう。
2. ＜動画4＞と表4－1（p.119参照）を照らし合わせて見て，交流の過程を確認してみよう。
3. 重度重複障害者の生涯学習支援の題材選びでは，どのようなことを基本にするか考えてみよう。
4. 重度重複障害者の学びが人生にもたらす喜びには，どのようなことがあるのか考えてみよう。

引用文献

1) 飯野順子・授業づくり研究会I＆M編著：障害の重い子どもの授業づくり最終章，ジアース教育新社，2022.
2) 糸賀一雄：福祉の思想，NHK出版，1968.
3) ブログ　おおきなき交流広場～言の葉（ことのは）～：「27歳からの視線入力への挑戦－その10－」
　　http://blog.livedoor.jp/ookinaki_koramu/archives/8515121.html（最終閲覧：2023年1月13日）
4) ブログ　おおきなき交流広場～言の葉（ことのは）：「笑顔のわけを伝えたい」
　　http://blog.livedoor.jp/ookinaki_koramu/archives/15020864.html（最終閲覧：2023年1月13日）

参考文献

・特定非営利活動法人地域ケアさぽーと研究所：「医療的ケアが必要な重度障害者の生涯学習」理解推進パンフレット
　　http://mcare.life.coocan.jp/lifelonglearning/20201113lifelong-learning-Pamphlet.pdf（最終閲覧：2022年9月3日）

③　医療的ケアに関連する制度

　障害児者が就学前から学齢期，さらに学校卒業後まで地域で一貫した福祉，医療，教育，労働等の支援が受けられるようにするために考えられたツールが「個別の支援計画」であり，学齢期においては「個別の教育支援計画」と呼ばれる。「個別の教育支援計画」を作成するうえで，福祉，医療，教育，労働等

の制度理解は重要である。

　本節では，**医療的ケア**児者の生涯発達支援を進めるために，ライフステージにおける各種制度について解説する。

医療的ケア
医療的ケアについては，第1章第1節 p.10 〜 13，第2章第2節 p.46 〜 50，第3章第2節 p.85・86 も参照のこと。

1　医療的ケア児者に対する福祉施策

（1）障害児と障害者に対する福祉施策

　障害福祉は，18歳未満が児童福祉法，18歳以上が「障害者の日常生活及び社会生活を総合的に支援するための法律」（以下，障害者総合支援法）で構成されている。医療的ケア児者も年齢によって受けられるサービスは異なっている。

　多くの障害福祉サービスは，障害児者が住む最も身近な自治体単位である市町村が実施主体になり，費用の一部または全部を給付する。都道府県は，広域支援や人材育成の面で市町村のバックアップを行う（図4-25）。

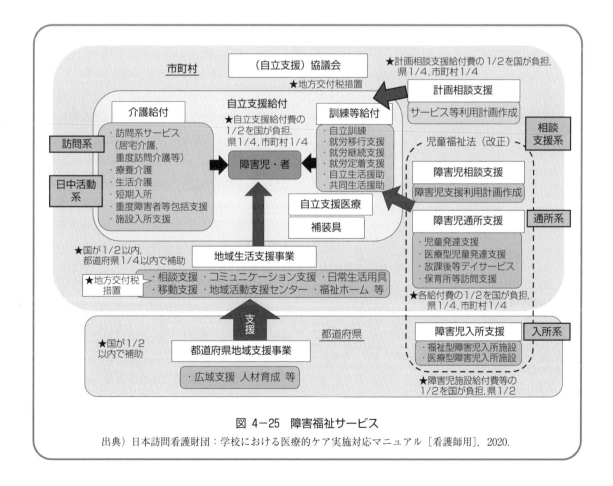

図 4-25　障害福祉サービス

出典）日本訪問看護財団：学校における医療的ケア実施対応マニュアル［看護師用］，2020.

（2）障害児者に対する発達支援・教育

　　障害児者に対する発達支援・教育は，年齢による「就学前・学齢期・卒業後」と，サービスの種別による「福祉・教育」に分けられる。さらに本人が施設や学校に通所・通学でできるか，それとも保育士や教師等が自宅等を訪問するかによって，「通所・通学系」と「訪問系」に分けられる（表4－2）。

　　ここでは，福祉事業における医療的ケア児者への支援について，障害のない子どもも利用する保育所や学童保育等も含めて説明する。

表 4－2　医療的ケア児者の利用する福祉・教育サービス

		就学前	学齢期	卒業後
通所・通学系	福祉	保育所 児童発達支援事業	放課後児童クラブ 放課後等デイサービス	生活介護事業所
	教育	幼稚園 特別支援学校幼稚部	特別支援学級／通級指導 特別支援学校	青年学級 オープンカレッジ
訪問系	福祉	居宅訪問型保育 居宅訪問型児童発達支援	居宅訪問型児童発達支援	－
	教育	－	訪問教育	訪問カレッジ

1）就　学　前

　　厚生労働省は，2017年度新規事業として「医療的ケア児保育支援モデル事業」を始めた。事業内容は，「医療的ケア児について，その保護者や児童が保育所利用を希望される場合に，受け入れることができる保育所の体制の整備を行う」とし，看護師配置（雇い上げた際の費用を補助）や保育士のたん吸引等を実施するための研修受講の支援や保育士等の加配を行うものである。2021年度からは，従来のモデル事業から一般事業化され「医療的ケア児保育支援事業」となった。

　　医療的ケア児の利用する福祉事業には，通所・通学系として**児童発達支援事業**，訪問系として**居宅訪問型保育事業**や**居宅訪問型児童発達支援事業**がある。なお，居宅訪問型児童発達支援は学齢期の**放課後等デイサービス**の利用が難しい18歳未満も対象にしている。

2）学　齢　期

　　保育所において医療的ケア児の受け入れが進む中で，学齢期の**放課後児童クラブ**（児童クラブ，学童クラブ，学童保育等）における「障害児受入強化推進事業」が進められている。厚生労働省通知「放課後児童健全育成事業の『障害児受入強化推進事業』」（2020年7月14日）では，「3人以上の障害児を受け入れる場合に，障害児の受入れに必要となる専門的知識等を有する放課後児童支援員等を複数配置するとともに，医療的ケア児を受け入れる場合に看護師，准看護師，保健師又は助産師の配置等を行うことで，放課後児童健全育成事業の円滑な実施を図る」とした。

児童発達支援事業
2012年の児童福祉法改正において，従来の障害種別に分かれていた施設体系が一元化された。主に未就学の障害のある子どもを対象に発達支援を提供する事業。

居宅訪問型保育事業
厚生労働省の子ども・子育て支援新制度（2015年）により新設された。保育を必要とする乳幼児の居宅において，家庭的保育者による保育を行う事業。

居宅訪問型児童発達支援事業
2018年度に新設された。重度の障害等の状態にある障害児であって，障害児通所支援を利用するために外出することが著しく困難な障害児に発達支援が提供できるよう，訪問支援員が障害児の居宅を訪問して発達支援を行う事業。

放課後等デイサービス
児童発達支援事業と同様に2012年の児童福祉法改正で位置づけられた。学校教育法第1条に規定している学校（幼稚園および大学を除く。）に就学する障害児を対象に，授業の終了後または学校の休業日に施設に通い，生活能力向上のために必要な訓練，社会との交流の促進その他必要な支援を行う事業。

東京都目黒区では，「目黒区学童保育クラブにおける医療的ケアについて，必要な基準等を定め，事業の適正かつ円滑な運営を図ることを目的」に「目黒区立学童保育クラブにおける医療的ケア実施要綱」（2020年2月1日　目子子第9789号決定）を制定している。

なお，医療的ケア児が学校に通うにあたって，保護者の付き添いを求める地域では，学校を休んで「放課後等デイサービス」を利用している例が全国に散見される。学校の保護者付き添い課題が，こうした形で影響しているのを関係者は理解する必要がある。

3）卒　業　後

障害が重度で常時介護等が必要な生徒の学校卒業後の進路先には，**生活介護事業**がある。しかし，全国的に医療的ケア者に対応できる事業所が少ないという課題がある。さらに施設での「日中活動」の在り方も課題になっている。「日中活動」は，施設利用者一人ひとりの目標や目的に合わせた活動の場であり，生活の質を高め，自己実現を図る活動である。しかし，施設によっては食事や排泄などの生活の介護が中心で，「日中活動」が十分行えていない場合がある。学校教育から卒業後への切れ目ない支援として，学校教育で学んだことを引き継ぎ，自己実現に向けた「日中活動」の充実が求められている。

この自己実現には学びが大切であり，本章にあるように，**生涯学習社会の実現**に向けた取り組みが障害者分野でも進められている。

2　医療的ケア児者支援制度の充実

医療的ケア児者の支援の課題が顕在化した社会背景，それに対して医療・福祉・教育分野における制度の充実の経過を第1期から第6期に分けて，主なでき事，法律や制度について解説する（表4−3）。

（1）第1期（〜1997年）：医療的ケア黎明期

第1期は，医療的ケアの課題が顕在化した時期である。新生児医療の進歩で命が救われ，病院から自宅へ退院していく子どもが増えていった。子どもが成長するとともに，保育所や学校への就学を迎えた。そこで担任等が保護者や主治医から吸引や経管栄養などの手技を学び，学校長・養護教諭・学校医・担任が校内体制を整えて，教育行為として「医療的ケア」を教員が行う自治体もあれば，吸引や経管栄養は「医療行為」なので，そうした行為を必要とする児童生徒の教育措置は「原則として訪問教育」「通学する場合は保護者付き添い」とした自治体など，学校教育における医療的ケアの課題が顕在化した。ただし，当時は大都市圏の一部の課題といわれていた。

なお，当時は，訪問看護制度がまだ始まっておらず（重度障害者等への訪問

放課後児童クラブ
「放課後児童健全育成事業」の通称。児童福祉法第6条3第2項「小学校に就学している児童であって，その保護者が労働等により昼間家庭にいないものに，授業の終了後に児童厚生施設等の施設を利用して適切な遊び及び生活の場を与えて，その健全な育成を図る事業」をいう。自治体によって児童クラブ，学童クラブ，学童保育等と呼ばれる。なお，児童厚生施設とは児童館等である。

生活介護事業
常時介護等の支援が必要な者を対象に，主として昼間において，入浴，排せつおよび食事等の介護や，日常生活上の支援，生産活動の機会等を提供する事業。

生涯学習社会の実現
教育基本法第3条では「国民一人一人が，自己の人格を磨き，豊かな人生を送ることができるよう，その生涯にわたって，あらゆる機会に，あらゆる場所において学習することができ，その成果を適切に生かすことのできる社会の実現が図られなければならない」と生涯学習の理念が謳われている。

表 4-3　医療的ケアを巡る社会動向

分野別 教育視点での区分	社会	医療	福祉	教育
第1期 （～1997年） 医療的ケア黎明期～課題の顕在化と「医療的ケア」の誕生	高齢出産の増加 新生児死亡率低下 在宅医療向け機器開発 社会保障費抑制政策（高齢化社会）	→低出生体重児増加 ←医療技術の進歩 1981：患者・家族のインスリン注射の厚生省への照会と回答 1992：訪問看護（高齢） 1994：訪問看護（障害）		1979：養護学校義務制 1988：東京都で就学課題の顕在化 1991：大阪府で「医療的ケア」の用語が誕生
第2期 （1998～2004年） 医療・福祉・教育における混迷の時代	2000：介護保険制度 2003：支援費制度	1999：看護協会が反対 ← 2002：小児神経学会要望書	1999：総務庁行政勧告 2003：ALS患者報告書	1998：文部省実践研究 2002：訪問看護スキーム 2004：養護学校報告書
第3期 （2005～2011年） 違法性阻却による対応の時代	2005：保育所入園訴訟 2006：障害者自立支援法 2008：7病院拒否による妊婦の死亡 2008：介護ビジョン	→NICU（新生児集中治療室）不足の顕在化	2005：ALS以外報告書 2005：厚労省通知（原則医行為では無いもの） 2010：特養報告書	2007：特別支援教育元年 2011：特別支援学校等における医療的ケア通知
第4期 （2012～2015年） 法律に基づく対応の時代	2012：社会福祉士及び介護福祉士法の一部改正（認定特定行為業務従事者） 2013：障害者差別解消法（差別的取り扱いの禁止・合理的配慮の提供），障害者総合支援法 2014：「障害者の権利に関する条約」を批准			
第5期 （2016～2020年） 障害者の権利に関する条約批准の波及効果時代	2016：児童福祉法の一部改正（地方公共団体に努力義務） 2017：医療的ケア児等コーディネーター養成研修			
	2018：障害者総合支援法の一部改正	2018：緊急時の気管カニューレ再挿入	2017：医療的ケア児保育支援モデル事業	2018：検討会中間まとめ 2019：今後の対応通知
	2019：医療的ケア児等総合支援事業			
第6期 （2021年～） 「医療的ケア児支援法」の成立	2021：医療的ケア児支援法（国・地方公共団体の責務）			
			2021：保育所等における医療的ケア児への支援の推進（事務連絡）	2021：医療的ケア実施支援資料，医療的ケア看護職員（学校教育法施行規則改正）

看護は1994年から），医師のいない学校など医療機関以外では，看護師が医行為を行えない状況にあった。

（2）第2期（1998～2004年）：医療・福祉・教育における混迷の時代

　1998年から文部省（当時）は，看護師のバックアップの下で教師が医療的ケアの一部を担う「特殊教育における福祉・医療との連携に関する実践研究」を開始し，当初は2年間で結論を得て事業を一般化する方針でいた。ところが，1999年9月に総務庁（当時）が「ホームヘルパーが，身体介護に関連する行為をできる限り幅広く行えるように」と厚生省（当時）に行政勧告を行ったことに対し，日本看護協会は強く反対した。これをきっかけに文部省の研究は，看護師を中心にした体制づくりに重点が移行した。2002年3月に文部科学省・

厚生労働省連携協議会は，訪問看護ステーション活用の**訪問看護スキーム**をまとめ，2003 年度予算概算要求に盛り込んだものの予算化されなかった。

　次の局面に移行するきっかけは，日本 ALS 協会が 2002 年 11 月 12 日に行った厚生労働大臣への陳情である。2003 年 6 月 9 日に厚生労働省設置「看護師等による ALS 患者の在宅療養支援に関する分科会」は報告書をまとめ，一定の条件を満たすことで医療職でない者が痰の吸引等を行うことが許容されるという法律の解釈「実質的違法性阻却」による対応が始まる。2004 年 9 月 17 日「盲・聾・養護学校におけるたんの吸引等の医学的・法律学的整理に関するとりまとめ」の報告（厚生労働科学研究費補助事業）が出されて，養護学校における医療的ケアの対応の方向性が示された。

（3）第3期（2005〜2011 年）：**違法性阻却による対応の時代**

　2005 年に在宅 ALS 患者以外の対応，2010 年に特別養護老人ホームにおける対応など「実質的違法性阻却」に基づく通知が発出された。この他，2005 年には原則として医行為ではない行為を列挙した「医師法第 17 条，歯科医師法第 17 条及び保健師助産師看護師法第 31 条の解釈について」の通知が発出された。

　このころ，新生児分野の救急・周産期医療の課題，気管切開した女児の保育所入園訴訟，高齢者分野の胃ろう課題などが広く社会で顕在化した。そこで，医療的ケアの対応を「実質的違法性の阻却」という法律の運用ではなく法律に位置づけるべきではないかなどの課題から，厚生労働省は「介護職員等によるたんの吸引等の実施のための制度の在り方に関する検討会」を 2010 年 7 月に設置した。検討会の論議を踏まえて，2012 年に**社会福祉士及び介護福祉法の一部改正**が行われ，介護福祉士の場合は第 48 条の 2，介護福祉士以外の介護職員等（ヘルパーや教員，保育士など）の場合は附則第 3 条が追加されて，認定特定行為業務従事者として喀痰吸引等を業とすることが可能になった。

　文部科学省は「特別支援学校等における医療的ケアの今後の対応について」（2011 年 12 月 20 日）を通知した。特別支援学校において教職員が喀痰吸引等を行う場合に想定される一例として図4-26 を示した。

（4）第4期（2012〜2015 年）：**法律に基づく対応の時代**

　2012 年の医療的ケアの法制化を受けて，文部科学省は通知を発出したが，国の通知は地方自治法第 245 条の 4 第 1 項に規定する技術的助言であり，強い強制力はないため，自治体による違いが生じるようになった。

　一方，厚生労働省では，「障害者総合支援法施行 3 年後の見直しについて〜社会保障審議会障害者部会報告書〜」（2015 年 12 月 14 日）がまとめられ，「9.障害児支援について」において，次頁のように提言された。

訪問看護スキーム
2003 年度概算要求に文部科学省と厚生労働省は次の事業を提案した。
①文部科学省：看護師資格のある適切な人材を常勤職員，または常勤の定数を活用した非常勤職員として自治体が弾力的に配置することについて工夫を促すとともに「養護学校における医療的ケア体制整備事業」等を概算要求した。
②厚生労働省：「訪問看護サービス特別事業」（肢体不自由児施設等へ看護師を配置し，利用者との契約により，養護学校に看護師を派遣）。
①は実際に進められたが，②は実現しなかった。

社会福祉士及び介護福祉法の一部改正
第 48 条の 2（介護福祉士は，保健師助産師看護師法第 31 条第 1 項及び第 32 条の規定にかかわらず，診療の補助として喀痰吸引等を行うことを業とすることができる）等が追加された。

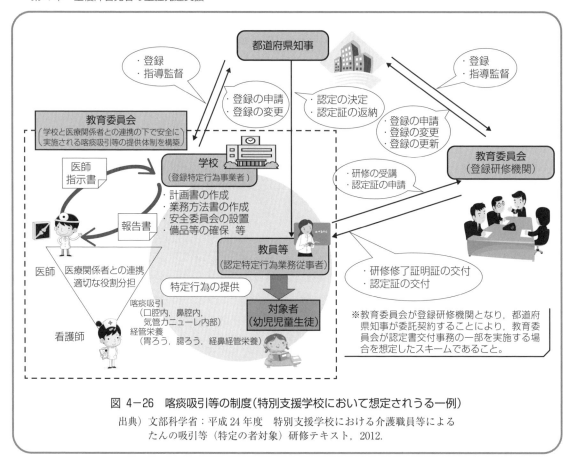

図 4-26　喀痰吸引等の制度（特別支援学校において想定されうる一例）

出典）文部科学省：平成 24 年度　特別支援学校における介護職員等による
たんの吸引等（特定の者対象）研修テキスト，2012.

○重症心身障害児に当たらない医療的ケア児について，障害児に関する制度の中で明確に位
置付け，必要な支援を推進すべきである。
○障害児のニーズに的確に応える観点から，障害福祉サービスと同様に，都道府県・市町村
において，障害児支援のニーズ等の把握・分析等を踏まえ，障害児支援に関するサービス
の必要量の見込み等について，計画に記載すべきである。

（5）第5期（2016～2020年）：障害者の権利に関する条約批准の波及効果時代

　国際連合「障害者の権利に関する条約」批准（2014 年）に向けた国内法整備
の一環として，福祉分野では「障害を理由とする差別の解消の推進に関する法
律」の制定（2013 年），教育分野では学校教育法施行令の一部改正（2013 年）
などが行われた。文部科学省は「障害のある児童生徒の学校生活における保護
者等の付添いに関する実態調査の結果」（2015 年 10 月 22 日）を発表し，「小・
中学校における保護者の付添いは，今後も合理的配慮の提供において一つの論
点」と述べ，特別支援学校への看護師配置補助事業に 2016 年度から小学校・

中学校を追加した。

　厚生労働省は，2015年の「障害者総合支援法施行3年後の見直しについて〜社会保障審議会障害者部会報告書〜」を受けて，「障害者総合支援法及び児童福祉法の一部改正」（2016年5月25日成立・同年6月3日公布）を行い，自治体に対して医療的ケア児支援の「努力義務化」と障害児福祉計画の策定を義務化した。

　2016年6月3日の児童福祉法の一部改正（以下，改正児童福祉法）施行日に「医療的ケア児の支援に関する保健，医療，福祉，教育等の連携の一層の推進について」の通知が発出された。さらに文部科学省設置「学校における医療的ケアの実施に関する検討会議」報告書をもとに，「学校における医療的ケアの今後の対応について（通知）」（2019年3月20日）が発出された。

　一方，2018年には障害者差別解消法等違反を旨とする訴訟や日本弁護士連合会「医療的ケアを要する子どもの保育及び教育に関する意見書」（2018年9月21日）が出されている。改正児童福祉法は自治体の「努力義務」であるため，取り組みに地域間格差が生じていた。

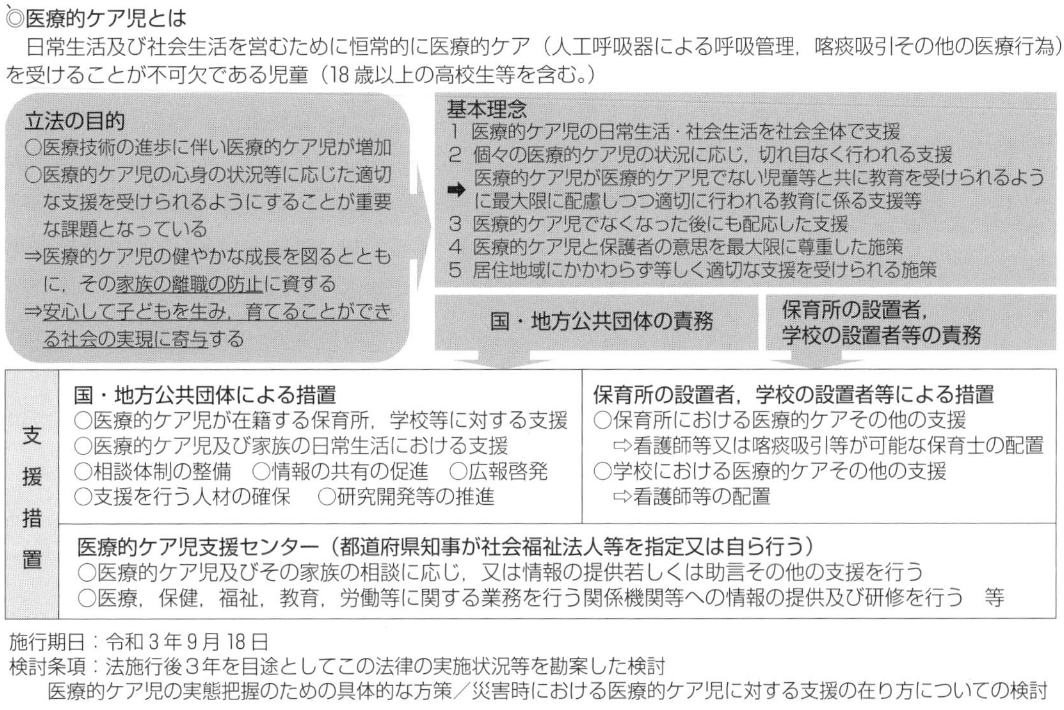

障害児福祉計画
地域における障害福祉サービスの種類ごとの必要な量の見込と供給体制の目標等を定めた障害福祉計画は，障害者総合支援法第88条・第89条により市町村・都道府県が作成していた。2016年の児童福祉法の改正により障害児に対する福祉計画策定が義務化された（児童福祉法第33条の20・第33条の22）。

◎医療的ケア児とは
　日常生活及び社会生活を営むために恒常的に医療的ケア（人工呼吸器による呼吸管理，喀痰吸引その他の医療行為）を受けることが不可欠である児童（18歳以上の高校生等を含む。）

立法の目的
○医療技術の進歩に伴い医療的ケア児が増加
○医療的ケア児の心身の状況等に応じた適切な支援を受けられるようにすることが重要な課題となっている
⇒医療的ケア児の健やかな成長を図るとともに，その家族の離職の防止に資する
⇒安心して子どもを生み，育てることができる社会の実現に寄与する

基本理念
1　医療的ケア児の日常生活・社会生活を社会全体で支援
2　個々の医療的ケア児の状況に応じ，切れ目なく行われる支援
→医療的ケア児が医療的ケア児でない児童等と共に教育を受けられるように最大限に配慮しつつ適切に行われる教育に係る支援等
3　医療的ケア児でなくなった後にも配慮した支援
4　医療的ケア児と保護者の意思を最大限に尊重した施策
5　居住地域にかかわらず等しく適切な支援を受けられる施策

国・地方公共団体の責務／保育所の設置者，学校の設置者等の責務

支援措置	国・地方公共団体による措置 ○医療的ケア児が在籍する保育所，学校等に対する支援 ○医療的ケア児及び家族の日常生活における支援 ○相談体制の整備　○情報の共有の促進　○広報啓発 ○支援を行う人材の確保　○研究開発等の推進	保育所の設置者，学校の設置者等による措置 ○保育所における医療的ケアその他の支援 　⇒看護師等又は喀痰吸引等が可能な保育士の配置 ○学校における医療的ケアその他の支援 　⇒看護師等の配置
	医療的ケア児支援センター（都道府県知事が社会福祉法人等を指定又は自ら行う） ○医療的ケア児及びその家族の相談に応じ，又は情報の提供若しくは助言その他の支援を行う ○医療，保健，福祉，教育，労働等に関する業務を行う関係機関等への情報の提供及び研修を行う　等	

施行期日：令和3年9月18日
検討条項：法施行後3年を目途としてこの法律の実施状況等を勘案した検討
　　　　医療的ケア児の実態把握のための具体的な方策／災害時における医療的ケア児に対する支援の在り方についての検討

図4-27　医療的ケア児およびその家族に対する支援に関する法律の全体像
出典）厚生労働省ホームページ　https://www.mhlw.go.jp/content/000801674.pdf

（6）第６期（2021年〜）：「医療的ケア児支援法」の成立

　改正児童福祉法や文部科学省が通知しているにもかかわらず，自治体の取り組みに地域間格差が生じていることを背景に，「日常生活及び社会生活を営むために恒常的に医療的ケア（人工呼吸器による呼吸管理，喀痰吸引その他の医療行為）を受けることが不可欠である児童（18歳以上の高校生等を含む。）」を「医療的ケア児」と定義し，その支援を国・地方公共団体の責務（責任と義務）とした「医療的ケア児及びその家族に対する支援に関する法律」（以下，医療的ケア児支援法）が2021年6月に成立した。すなわち，改正児童福祉法で自治体の「努力義務」とされていたものが，医療的ケア児支援法では，国・地方公共団体の責務（責任と義務）に格上げされた形になったのである。また，法律名の中に「家族に対する支援」が入り，保護者の学校等の付き添いに伴う離職の防止に資するなどが目的に入っている点が特徴である（p.135，図4−27）。

　同法では保育所や学校における対応の充実，地域の中で相談や情報提供等を行う**医療的ケア児支援センター**を都道府県に設置することなどが定められた。

医療的ケア児支援センター
医療的ケア児支援法第14条に基づく支援機関。医療的ケア児およびその家族，関係機関に対し，専門的に相談に応じ，情報の提供，助言，研修，連絡調整等を行うもので，都道府県知事が事業者を指定する。

3　ライフステージを見据えた地域生活支援

（1）医療的ケア児支援のための関係機関の協議の場の設置

　改正児童福祉法（2016年）により障害児福祉計画作成（5年スパンで3年ごとに作成）が義務化された。厚生労働省は，「障害福祉サービス等及び障害児通所支援等の円滑な実施を確保するための基本的な指針」（障害児福祉計画作成のための指針）（平成29年厚生労働省告示第116号）において，「医療的ケア児が適切な支援を受けられるように，平成30年度末までに，各都道府県，各圏域及び各市町村において，保健，医療，障害福祉，保育，教育等の関係機関等が連携を図るための協議の場を設けることを基本とする」とした。

　この「医療的ケア児支援のための関係機関の協議の場の設置」により，各都道府県，各圏域および各市町村は，従来の**障害者自立支援協議会**に子ども部会や医療的ケア児部会を設けたり，別途，医療的ケア児支援協議会を立ち上げたりして，「協議の場」を設置している。

（2）ライフステージに渡る一貫した支援の現状と課題

　このような「協議の場」で最初に取り組むのは，地域の実態調査・ニーズ調査である。対象は，医療的ケア児とその家族が基本であるが，その他，訪問看護ステーションや訪問介護事業所，児童発達支援事業所，放課後等デイサービス等の事業所を対象にした調査も行われている。図4−28は，ライフステージにおける医療・保健・福祉・教育等の各種サービスに，筆者がかかわる「協議の場」が行った実態調査等からあがってきた課題を加えたものである。さらに

障害者自立支援協議会
障害者総合支援法第89条の3「地方公共団体は，単独で又は共同して，障害者等への支援の体制の整備を図るため，関係機関，関係団体並びに障害者等及びその家族並びに障害者等の福祉，医療，教育又は雇用に関連する職務に従事する者その他の関係者により構成される協議会を置くように努めなければならない」を根拠に設置されている。

	年齢	0歳	1歳	2歳	3歳	4歳	5歳	6歳	7歳	8歳	9歳	10歳	11歳	12歳	13歳	14歳	15歳	16歳	17歳	18歳	19歳	20歳
	年齢区分	乳児			幼児			少年												成人		
	ライフイベント	保育所/幼稚園(3〜5歳)						小学校						中学校			高等学校			進学・就労		

医療

入院/入所	病院(入院・入所)	病院/医療型障害児入所施設 （18〜20歳:病院/療養介護事業所）
通院型	病院(外来)	小児科医/歯科医 ／ 内科医
訪問型	往診医	小児科医/歯科医 ／ 内科医
訪問型	訪問看護・リハ	小児看護/理学療法士/作業療法士等
訪問型	訪問薬剤師	薬剤師訪問サービス
医療ソーシャルワーカー(MSW)		地域連携室/医療ソーシャルワーカー(MSW)
課題		①病院から在宅へ：退院に向けた病院医療から在宅医療への移行，病院毎に異なる手技の標準化，退院時カンファレンス開催 ②地域医療資源：往診医，訪問看護，訪問リハ，訪問薬局 ◀ [看護師に小児看護の理解啓発] ③子どもから大人へ：小児期医療から成人期医療への移行期医療（トランジッション）

保健

東京都重症心身障害児等在宅療育支援事業	(1) 在宅重症心身障害児(者)等訪問事業　(2) 在宅療育相談事業 (3) 訪問看護師等育成研修事業　(4) 在宅療育支援地域連携事業 ※申請時の年齢は18歳未満
保健師	重症心身障害児等在宅療育支援センター(重症心身障害児(者)を守る会に都が委託)

福祉

入院/在宅	レスパイト・就労支援 [高いニーズ][高いニーズ]	短期入所/在宅レスパイト・就労等支援事業
通所型	療育・日中活動	保育所/児童発達支援事業所 ｜ 学童保育/放課後等デイサービス ｜ 生活介護事業所
訪問型	訪問型発達支援	居宅訪問型保育（原則として3歳未満・障害児の場合就学まで） 居宅訪問型児童発達支援（就学前〜満18歳）
訪問型	介護給付	居宅介護/重度訪問介護(15又は18歳以上)・重度訪問介護の大学修学支援事業
訪問型	地域生活支援事業 [通院の支援(移動手段)]	移動支援/通院等介助/相談支援/意思疎通支援事業/日常生活用具
地域支援機能	地域施設への支援	保育所等訪問支援（20歳まで）（児童発達支援センター等からの派遣）
地域支援機能	相談支援	相談支援事業/基幹相談支援センター ｜ 医療的ケア児等コーディネーター
地域支援機能		障害児支援利用計画 ｜ サービス等利用計画
課題		①生活場所の選択：居宅・共同生活援助（グループホーム）・施設入所 ②サービスの充実：利用可能な事業者不足・人材不足，レスパイト・保護者の就労保障 ③就労と福祉サービス：重度訪問介護は就労中に使えない（さいたま市重度障害者の就労支援事業）

教育

通学型	学校	・幼稚園 ・特別支援学校幼稚部 ｜ ・小学校(通常・特別支援・通級) ・特別支援学校小学部 ｜ ・中学校(通常・特別支援・通級) ・特別支援学校中学部 ｜ ・高等学校(通常・通級) ・特別支援学校高等部 ｜ ・大学 ・各種学校等
訪問型	学校外施設/居宅	・小・中学校特別支援学級（院内学級等） ・特別支援学校の病院・施設内・隣接の分校/分教室/院内学級等 ・特別支援学校訪問学級
特別支援教育コーディネーター		特別支援教育コーディネーター
課題		①就学：就学先の選択（地域の小学校・中学校，特別支援学校） ②修学：保護者の付添い，看護師配置，合理的配慮の提供　[高いニーズ] ③通学：通学手段の確保（専用車両，移動支援の活用，福祉タクシー券補助），校外・宿泊行事

医療・保健・福祉・教育横断的課題	・都道府県設置の医療的ケア児支援センターに相当する市の窓口（相談者の未分化な困り事に寄り添うコンシェルジェのような役割） ・災害時の対応 ・医療的ケアの担い手の育成（小児の在宅看護，介護職員等の喀痰吸引等第3号研修）　[報酬，研修の経費負担・人員補填，加算や助成金，手続きの簡素化] ・医療提供の場：医療法1条の2第2項「医療提供施設（病院，診療所，介護老人保健施設，介護医療院，調剤を実施する薬局その他の医療を提供する施設）」と「医療を受ける者の居宅等」とされるが，通所施設等も含む「暮らしの場の医療」への保険適用（文書の精選の上）が望まれる。

[ニーズ調査結果]　[事業所調査結果]

図 4-28　医療的ケア児者と家族への主な支援サービスと課題

筆者が関係機関から聞き取った主な課題を以下にまとめる。

1）医　　療
・病院から在宅へ：退院に向けた病院医療から在宅医療への移行，病院毎に異なる手技の標準化，退院時カンファレンス開催
・地域医療資源：往診医，訪問看護，訪問リハビリテーション，訪問薬局
・子どもから大人へ：小児期医療から成人期医療への移行期医療（トランジッション）

2）福　　祉
・生活場所の選択：居宅・共同生活援助（グループホーム）・施設入所
・サービスの充実：利用可能な事業者不足・人材不足，レスパイト・保護者の就労保障
・就労と福祉サービス：重度訪問介護は就労中に使えない（自治体独自事業としては，「さいたま市重度障害者の就労支援事業」がある）

なお，障害児を対象にした「児童発達支援事業」や「放課後等デイサービス」には，「重症心身障害児」対象の事業所と「重症心身障害児以外」対象の事業所があるが，肢体不自由のない医療的ケア児の利用受け入れがなかなか進まなかった。2021年度「令和3年度障害福祉サービス等報酬改定」に伴い「障害福祉サービス等利用における**医療的ケア判定スコア**」が導入され，判定結果に応じた基本報酬や加算の算定を可能にする改定が行われた。

3）教　　育
・就学：就学先の選択（地域の小学校・中学校，特別支援学校）
・修学：保護者の付き添い，看護師配置，合理的配慮の提供
・通学：通学手段の確保（専用車両，移動支援の活用，福祉タクシー券補助），校外・宿泊行事

4）横断的課題
・都道府県設置の医療的ケア児支援センターと市町村等（地域の支援の現場）の関係づくり
・災害時の対応
・医療的ケアの担い手の育成（小児の在宅看護，介護職員等の喀痰吸引等第3号研修）
・医療提供の場：医療法1条の2第2項「医療提供施設（病院，診療所，介護老人保健施設，介護医療院，調剤を実施する薬局その他の医療を提供する施設）」と「医療を受ける者の居宅等」とされるが，通所施設等も含む「暮らしの場の医療」への保険適用が望まれる。

医療的ケア判定スコア　医療的ケアを必要とする者が障害福祉サービス等（通所サービスや（短期）入所施設等）を利用するにあたり，どの程度の看護職員の配置を必要とするか等を判断するためのスコア。人工呼吸器管理，気管切開部の管理，経鼻咽頭エアウェイの管理など14項目を「基本スコア」「見守りスコア」に分けてケアの濃淡を数値化する。

4　これまでの支援とこれからの支援

　これまで筆者は，障害のある子どもとその家族を中心に，さまざまな職種や機関が連携してチームとして支援にあたるという意味で，図4－29の左図を使って説明してきた。関連して，1990年代に筆者が経験したサービス調整会議（病院から在宅に移行する際に保健所が主催して行われた会議）には，本人・家族は参加していなかった。

　日本政府が2014年1月に批准した「障害者の権利に関する条約」は，「私たちのことを私たち抜きで決めないで（Nothing About us without us）」をスローガンに世界中の障害当事者が参加して作成され，2006年に国際連合で採択されたものである。このようにこれからは，当事者抜きに当事者のことを決めない，当事者の参画を保障することが大切である。そこで，これからの支援には図4－29の右図にあるように，本人・家族もチームの一員として参加に加わることが大切であり，中央には当事者の「ねがい」が置かれるのである。

　現在，各自治体に「医療的ケア児支援のための関係機関の協議の場の設置」や，障害児福祉計画の策定に**家族会・当事者団体**の参画が進められている。そうした中，医療的ケア児の日常生活・社会生活を社会全体で支援する医療的ケア児支援法の理念の実現に向け，2022年3月27日に全国の医療的ケア児・者とその家族，支援者をひとつにつなぐネットワーク「全国医療的ケアライン」（愛称：アイライン）が設立された。家族会・当事者団体からの発信はますます重要になっていく。

　学校も地域の社会資源のひとつとして，積極的にこの支援チームにかかわっていくことを期待したい。

家族会・当事者団体
家族会は，障害のある家族をもつ者が，お互いの悩みを分かち合い，共有し，連携することで互いに助け合う会。当事者団体は，障害本人によって組織された団体であり，全国組織，都道府県，病院，病気や障害別，同じ理念のもとに集結した当事者会などさまざまな組織がある。

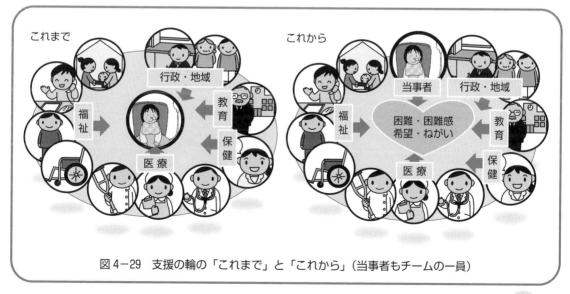

図4－29　支援の輪の「これまで」と「これから」（当事者もチームの一員）

演習課題

1. 医師にしか認められていない「絶対的医行為」の内容，看護師等が行う「診療の補助行為」の内容，「実質的違法性阻却」で許容された行為，「認定特定行為」の内容，「原則として医行為ではないもの」の通知であげられた行為をそれぞれ調べて書き出してみよう。
2. 「絶対的医行為」「診療の補助行為」「実質的違法性阻却による行為」「認定特定行為」「原則として医行為ではないもの」の関係性を図（ベン図やピラミッド図など）で表現してみよう。

 個別の教育支援計画・個別の指導計画

1　個別の教育支援計画・個別の指導計画の役割

2017 年告示の特別支援学校小学部・中学部学習指導要領（以下，特支小・中指導要領）第 1 章第 5 節 1 の（5）で，「家庭及び地域並びに医療，福祉，保健，労働等の業務を行う関係機関との連携を図り，長期的な視点で児童又は生徒への教育的支援を行うために，<u>個別の教育支援計画を作成すること</u>」（下線筆者，以下同）とされている。さらに，第 7 章第 3 の 7 では，「自立活動の指導の成果が進学先等でも生かされるように，個別の教育支援計画等を活用して関係機関等との連携を図るもの」と示されている。これは幼稚部教育要領，高等部学

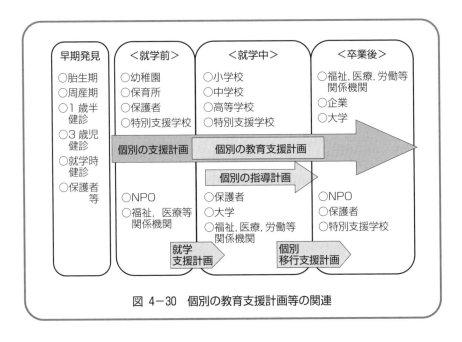

図 4-30　個別の教育支援計画等の関連

習指導要領でも同様である。すなわち，個別の教育支援計画は諸機関との連携のためのツールおよびキャリア教育の考え方を具現化するものである。

特支小・中指導要領第1章総則第3節教育課程の編成3の（3）イでは，「各教科等の指導に当たっては，個々の児童又は生徒の実態を的確に把握し，次の事項に配慮しながら，<u>個別の指導計画を作成すること</u>」と示されている。詳説は避けるが，個別の指導計画は，障害のある児童生徒一人ひとりの指導目標・指導内容および指導方法を明確にしたきめ細やかな指導をするために作成するものである。図4-30に個別の教育支援計画等の関連を示した。

2　重複障害に対応する個別の教育支援計画・個別の指導計画

第1章第1節1で述べられているように，重複障害への対応は，対象児の多様な困難さから教育的ニーズを把握し，適切な支援を検討することが必要である。

（1）個別の教育支援計画の作成

障害のある児童生徒は，その生活年齢，障害状況や地域資源等によって，関係機関が異なってくる。関係機関との連携，情報交換をていねいに行い，課題意識を共有することが重要である。個別の教育支援計画の作成にあたっては，図4-31にあるように，就学前の関係機関から就学支援計画や就学支援ファイルを活用して，情報を引き継ぎ，教育相談等を経て，個別の教育支援計画の作成につなげていく。

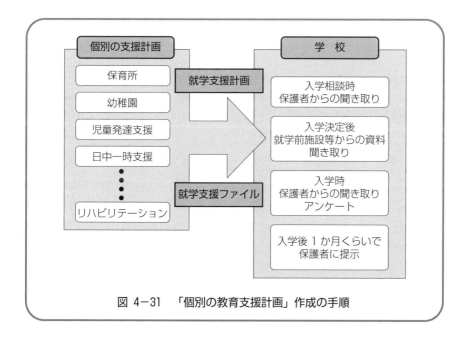

図 4-31　「個別の教育支援計画」作成の手順

表 4-4　自立活動の個別の指導計画の作成手順

①	障害の状態，発達や経験の程度，興味・関心，学習や生活の中で見られる長所やよさ，課題等について情報収集
②-1	収集した情報（①）を自立活動の6区分に即して整理する
②-2	収集した情報（①）を学習上又は生活上の困難や，これまでの学習状況の視点から整理する
②-3	収集した情報（①）を○○年後の姿の観点から整理する
③	③①をもとに②-1，②-2，②-3で整理した情報から課題を抽出する
④	③で整理した課題同士がどのように関連しているかを整理し，中心的な課題を導き出す
⑤	④に基づき今指導すべき指導目標を設定する
⑥	指導目標（⑤）を達成するために必要な項目を選定する
⑦	項目と項目を関連付ける際のポイントを整理する
⑧	選定した項目を関連付けて具体的な指導内容を設定する

（2）個別の指導計画の作成

　各教科等と自立活動では，指導目標や指導内容の設定に至る手続きが異なることに注意が必要である。各教科の内容は原則として学習指導要領に示されたすべてを取り扱うことになるのに対して，自立活動の内容は幼児児童生徒の個々の実態に即した指導目標を達成するために必要な項目を選定して取り扱うものである。いずれの場合においても教員間の共通理解を図り，指導の系統性を担保するために，個別の指導計画は重要な役割をもつ。「特別支援学校教育要領・学習指導要領解説　自立活動編」第7章「自立活動の個別の指導計画の作成と内容の取扱い」で示されている手順をまとめると，表4-4のようになる。重複障害の例として「盲ろう」が示されており，図3-3（p.62・63）に引用しているので，ぜひ参照していただきたい。

3　個別の教育支援計画・個別の指導計画の活用

（1）個別の教育支援計画の活用

　「個別の教育支援計画」の役割は二つある。ひとつは，幼児期から学校卒業まで，一貫した相談・支援を行うため，もうひとつは福祉・医療・労働等の関連機関との連携ツールである。

　地域の福祉・医療機関，労働機関，地域の小・中・高等学校，障害者団体，親の会，NPO など，子どもにかかわるすべての機関が連携し，一人ひとりの教育的ニーズに応じた効果的・効率的な教育を行うために，「個別の教育支援計画」を活用することが望ましい。

　また，個別の教育支援計画はキャリア発達の視点に立って，作成する必要がある。中央教育審議会（文部科学省，2011）は，キャリアは「人が，生涯の中

で様々な役割を果たす過程で，自らの役割の価値や自分と役割との関係を見い
だしていく連なりや積み重ね」であり，さまざまな生活場面で個人が果たす役
割を踏まえた働き方や生き方をさす「ライフキャリア」ととらえている。

　障害が重複している場合，卒業後は福祉サービスを活用しながら在宅生活を
送るか，場合によっては施設入所なども考えられ，職業生活や生涯学習の姿が
イメージしにくいかもしれない。一方で，本章で紹介したように，地域資源を
活用しながら，本人の夢や希望，ニーズに合った生活ができるようになってき
ている。キャリア教育を高等部に預けるのではなく，幼稚部・小学部段階から，
高等部卒業後の生活を見通し，学齢期にどのような力を育み，地域での生活に
つなげていくのかを考えるために，個別の教育支援計画を活用するべきであ
る。生涯に渡って地域で豊かに生活していくためには，以下の点に留意して，
個別の教育支援計画を作成，活用していく[1]。

　①　子どもの成育歴や支援の経過などを踏まえつつ，生活年齢に配慮した目
標設定を行う。その際，特に思春期の心のケアやその人らしさの伸長にも配慮
する。

　②　学校内外での連携ツールであることから，福祉や医療関係者とも相互に
理解できることばで書く。

　③　個人情報が書かれているため，管理には細心の注意を要するが，同時に
必要なときに見ることができるような保管方法を検討する。

　④　中・長期的な計画であるため，見直しが頻回であることは好ましくない
が，特に成長・発達や生活の広がりにより変更が必要になる。生活年齢や生活
状況，発達に応じ，適宜変更を行うことも視野に入れる。

　⑤　生涯発達を支援する視点をもち，個別の指導計画や個別の移行支援計画
などと関連づける。

（2）個別の指導計画による評価

　個別の指導計画の評価は学年もしくは学期ごとに行われており，評価を含め
た書式が作成されている。指導と評価の一体化を目ざし，個別の指導計画が通
知表を兼ねるように作成している学校もある。特支小・中指導要領では，「各
教科等の指導に当たっては，個別の指導計画に基づいて行われた学習状況や結
果を適切に評価し，指導目標や指導内容，指導方法の改善に努め，より効果的
な指導ができるようにすること」と示されている。個別の指導計画に基づいて
児童生徒に何が身についたかという学習の成果を的確にとらえ，個別の指導計
画の実施状況の評価と改善・教育課程の評価と改善を行うことで，子どもの学
びを適切に支えていくことが求められている。

演習課題

1. 自分の自治体，勤務先で使われている個別の教育支援計画，個別の指導計画の書式を調べ，ケースを想定して記入してみよう。
2. 「特別支援学校教育要領・学習指導要領解説　自立活動編」に示されている「盲ろう」の個別の指導計画と，「視覚障害」および「聴覚障害」の単一障害の個別の指導計画の違いをまとめてみよう。

引用文献

1）加藤哲則・樫木暢子：特別支援教育免許シリーズ　特別支援教育概論（花熊曉他編著），建帛社，pp.39-51，2020.

参考文献

・飯野順子・授業づくり研究会I&M：障害の重い子どもの授業づくり最終章，ジアース教育新社，2022.
・文部科学省：今後の学校におけるキャリア教育・職業教育の在り方について」（答申），中央教育審議会，2011.
・文部科学省：特別支援学校幼稚部教育要領，2017.
・文部科学省：特別支援学校小学部・中学部学習指導要領，2017.
・文部科学省：特別支援学校高等部学習指導要領，2019.
・文部科学省：特別支援学校教育要領・学習指導要領解説　自立活動編，2018.
・文部科学省：個別の指導計画の様式例
　https://www.mext.go.jp/a_menu/shotou/tokubetu/material/1298214.htm
　（最終閲覧：2022 年 9 月 6 日）

索 引

〔シリーズ監修者〕

花熊　曉（はなくま　さとる）　　一般社団法人特別支援教育士資格認定協会　理事長

苅田知則（かりた　とものり）　　愛媛大学教育学部　教授
愛媛大学教育学部附属インクルーシブ教育センター　センター長

笠井新一郎（かさい　しんいちろう）　宇高耳鼻咽喉科医院　言語聴覚士

川住隆一（かわすみ　たかいち）　元東北福祉大学教育学部　教授

宇高二良（うだか　じろう）　　宇高耳鼻咽喉科医院　院長

〔編著者〕　　　　　　　　　　　　　　　　　　　　　　　〔執筆分担〕

樫木暢子（かしき　ながこ）　　愛媛大学大学院教育学研究科　教授　　第1章1-④, 第4章2冒頭・4

金森克浩（かなもり　かつひろ）　帝京大学教育学部　教授　　第3章冒頭

船橋篤彦（ふなばし　あつひこ）　広島大学大学院人間社会科学研究科　准教授　第1章1-③, 第2章2-②

〔著者〕（五十音順）

相澤純一（あいざわ　じゅんいち）　NPO法人訪問大学おおきなき　理事長　第4章2-①

大井雅博（おおい　まさひろ）　帝京大学教育学部　講師　第3章2-①

大杉成喜（おおすぎ　なりき）　皇學館大学教育学部　教授　第4章1-②

河原麻子（かわはら　あさこ）　国立特別支援教育総合研究所　研究員　第2章1-②

後石原恵美子（ごいしはら　えみこ）　横浜訓盲学院　教諭　第3章1

島谷康司（しまたに　こうじ）　県立広島大学保健福祉学部　教授　第2章2-①

下川和洋（しもかわ　かずひろ）　NPO法人地域ケアさぽーと研究所　理事　第4章3

曽根裕二（そね　ゆうじ）　大阪体育大学教育学部　准教授　第4章1-③

髙橋信行（たかはし　のぶゆき）　えひめ盲ろう者友の会　理事長　第1章1-②

長尾公美子（ながお　くみこ）　徳島県立徳島聴覚支援学校　教諭　第4章1-①

中川はすみ（なかがわ　はすみ）　横浜訓盲学院　講師, 言語聴覚士　第3章1

中野広輔（なかの　こうすけ）　愛媛大学教育学部　教授　第1章1-①

成田裕子（なりた　ゆうこ）　NPO法人フュージョンコム かながわ・県肢体不自由児協会　理事長　第4章2-②

松永達雄（まつなが　たつお）　国立病院機構東京医療センター聴覚・平衡覚研究部　部長　第2章1-①

松本健太郎（まつもと　けんたろう）　東京都立多摩桜の丘学園　主任教諭　第3章2-②

南有紀（みなみ　ゆき）　日本福祉大学教育・心理学部　助教　第3章2-③

村上沙耶佳（むらかみ　さやか）　愛媛大学教育学部　特定研究員　第4章2-③

吉川知夫（よしかわ　ともお）　国立特別支援教育総合研究所　上席総括研究員　第2章2-③

特別支援教育免許シリーズ
重複障害教育領域①
複数の困難への対応

2023年（令和5年）3月30日　初 版 発 行

編著者　樫　木　暢　子
　　　　金　森　克　浩
　　　　船　橋　篤　彦

発行者　筑　紫　和　男

発行所　株式会社 建 帛 社
　　　　　　　　KENPAKUSHA

〒112-0011　東京都文京区千石4丁目2番15号
TEL（03）3944-2611
FAX（03）3946-4377
https://www.kenpakusha.co.jp/

ISBN 978-4-7679-2128-0　C3037　　　　壮光舎印刷／常川製本
©樫木・金森・船橋ほか，2023.　　　　Printed in Japan
（定価はカバーに表示してあります）